ロスジェネのすべて

格差、貧困、「戦争論」

雨宮処凛 編著
Amamiya Karin

倉橋耕平
貴戸理恵
木下光生
松本　哉

あけび書房

まえがき

今から10年以上前、私たちは「ロスジェネ」と名付けられた。

現在の30代なかばから40代なかばを指す。

失われた世代。就職氷河期の影響をもろに食らった世代。貧乏くじ世代。非正規第一世代。呼び方はいろいろあるが、どれも嬉しくないものばかりだ。

ちなみに１９７５年生まれの私は２０２０年1月、45歳になった。四捨五入したら50歳。同じ四捨五入をしたら50歳という枠には「サザエさん」の「磯野波平」（54歳）がいる。波平は正社員として勤めて世田谷に家まで建てて子も孫もいるというのに、私は独り身。当然、子もなく孫もない。

そうして周りを見渡せば、いまだ正社員の職がなく、結婚もせず子どももいないという同世代が山ほどいる。一軒家を建てるどころか、ずーっと六畳一間の安アパート住まいという者もいれば、ネットカフェ暮らしの者もいる。低賃金ゆえ実家から出られず親と同居するものの、「このままでは数年以内に介護離職かも」と怯える者もいる。

2019年、こんな私たちの世代が「人生再設計第一世代」と名付けられた。はっきり言って、40代なかばになってまで自分たちに「就職氷河期」という言葉がついて回るなんて、予想もしてなかった。20年以上も苦境が続くなんて、思ってもみなかった。バブル崩壊後の景気悪化は一時的なもので、すぐに自分たちは企業社会に吸収されていくものだと思っていた。そして自分も親世代のように、就職して結婚して子どもを産んで、という人生を歩んでいくものだと思っていた。

だけど、中年になった今、そのすべてを手に入れていない。私も、周りの人々の多くも。

そんなロスジェネだが、「失われた20年」の中、厳しさを増す雇用環境の中を生きてきた私たちは、一億総中流が崩れた社会を走るトップランナーとも言える。

ロスジェネと「今」について、存分に語りあった。

2020年1月

雨宮　処凛

もくじ

ロスジェネのすべて

まえがき……3

序章　ロスジェネをめぐるこの十数年　雨宮処凛……11
宝塚市の求人に1800人／ロスジェネは何を失ったのか
私もロスジェネの一人／出産のタイムリミットも
政治から見捨てられるなんて／あと10年早ければ
ロスジェネと右傾化

第1章　ロスジェネと『戦争論』、そして歴史修正主義……27
はじめに　雨宮処凛
私の「黒歴史」。なぜ、右翼に入ったのか
とにかく死にたかった
「生きづらい奴は革命家になるしかない！」

何もないから「国家」／『戦争論』から20年以上
『歴史修正主義とサブカルチャー』があぶりだしたもの

対談 倉橋耕平×雨宮処凛
「新しい歴史教科書をつくる会」「日本会議」ができるまで
求めているのは戦前回帰？／『戦争論』をどう読んだか
「自己啓発」としての特攻隊／『戦争論』批判がなかった理由
冷戦崩壊までさかのぼっておさらいします
男性特権の喪失／親がネトウヨ問題
援交ブームと右翼／映画『主戦場』をどう観るか
なぜ与党ではなく野党がバッシングされるのか問題
「見たいものしか見たくない」に抗う方法

第2章 ロスジェネ女性、私たちの身に起きたこと……91
はじめに 雨宮処凛

過去形のロスジェネ

対談 貴戸理恵×雨宮処凛
ロスジェネの苦悩／不登校と格差論をめぐって
ポスドクの貧困問題／生きづらさと当事者研究
ロスジェネが奪われたものと「負けたら死ぬ」感
共働き子育てという無理ゲー／出産しようと思える条件とは
「なぜ産まないのか」への回答／孤立する母親
不寛容な社会とマジョリティの生きづらさ
社会の分断と同調圧力／オーストラリアでの子育て
ロスジェネのこれから

第3章 「自己責任」と江戸時代……145
はじめに 雨宮処凛
日本的「自己責任の呪縛」／江戸時代の自己責任論とは

洞窟救出劇に見たタイ社会の寛容さ

対談 木下光生×雨宮処凛
18世紀後半から出てきた被差別民への「自己責任論」
新自由主義だけでは説明できない／ヨーロッパの救貧の歴史
江戸時代の「施し」と「制裁」
「村に迷惑をかけた」という言い分
国への迷惑、納税者への迷惑／画期的だった（新）生活保護法
江戸時代も今も変わらない「貧困イメージ」
数百年続く自己責任論を超えるために

第4章 貧乏だけど世界中に友達がいるロスジェネ……189
はじめに 雨宮処凛
「貧乏を楽しむ」達人、登場!!／アジアの人々との連帯も

対談 松本哉×雨宮処凛
中国人にＱＲコード決済の刺青を彫られる
「法政の貧乏くささを守る会」／大卒後に「貧乏人大反乱集団」を結成
高円寺で「素人の乱」を始める
伝説の「俺の自転車を返せデモ」と「３人デモ」
高円寺に１万５０００人が集まった「原発やめろデモ」
３・11以降、アジアの人達との連帯を
韓国に入国できずに強制送還される／アジア反戦大作戦
「ＮＯ ＬＩＭＩＴ東京自治区」で一週間アジア人たちと大宴会
韓国、インドネシアでも「ＮＯ ＬＩＭＩＴ」開催
もう開き直るしかない
あとがき……242
著者紹介

序章

ロスジェネをめぐるこの十数年

雨宮処凛

宝塚市の求人に1800人

2019年9月、あるニュースが日本をちょっとざわつかせた。
それは兵庫県・宝塚市の市職員募集に1800人が殺到したこと。
たった3人の募集に2000人近くが応募し、倍率は600倍となったのだ。
ものすごく高給なわけでもない。破格の条件でもない。そのうえ、ユーチューバーでもなければ「南の島でブログを書いて年収1000万円」とかでもない。ただの「市の職員」に、それだけの人が殺到したのである。

理由は、求人が就職氷河期世代に限っていたこと。具体的には1974年4月2日から1984年4月1日生まれで、求人の時点での年齢が36歳から45歳。職務経験は問わず。学歴は高卒以上。

バブル崩壊後の就職氷河期で正社員になれない人が多い層を救済するために設けられた枠に、それだけの応募が集まったのだ。

ちなみに応募は兵庫県や近隣県からだけでなく、北海道から沖縄まで全国から来たという。募集期間は8月19日から30日の10日足らずだというのに。

このことについて、宝塚市の中川智子市長は「予想を超える応募状況。それだけ多くの方が支援を必要としていると実感した」「忸怩たる思いがある」と述べた。２０１８年、土俵での挨拶を「女人禁制」を理由に断られた中川市長だが、その時を上回る「予想を超える」「忸怩たる思い」だったのではないだろうか。

それに先駆けた２０１９年６月、政府は30代なかばから40代なかばの就職氷河期世代を「人生再設計第一世代」と名付けた。

具体的には１９９３〜２００４年に学校卒業期を迎えた世代で、国によるとこの層は１７００万人にのぼり、うち４００万人が非正規やフリーター、無職である。

政府は「就職氷河期世代支援プログラム」で、今後３年間に30代なかばから40代なかばの正規雇用者を30万人増やす」という数値目標を立て、また11月にはこの世代を対象に国家公務員の中途採用を拡大すると決定した。

ロスジェネは何を失ったのか

就職氷河期世代とか人生再設計第一世代とか貧乏くじ世代とか非正規第一世代とかいろんな名前があるが、本書ではこの30代なかばから40代なかばの層を、「ロスジェネ」と呼ぶ。「ロスジェネ」という言葉が生まれたのは２００７年。朝日新聞によって、当時の25歳から35歳が「ロストジェネレーション」と呼ばれるようになった。

それから12年後、2019年5月26日の朝日新聞で、ロスジェネは以下のように説明されている。年齢は、政府の「人生再設計第一世代」よりも広いので人数も多くなっている。

「バブル崩壊後の景気悪化で新卒採用が減らされた1993年から2004年頃に社会に出た世代。朝日新聞が2007年1月に載せた連載『ロストジェネレーション』で名づけられ、氷河期世代とも呼ばれる。高卒、大卒などにより年齢に幅があるが、ほぼ現在の33歳から48歳にあたる。団塊ジュニア（第2次ベビーブーマー）を含み、人口規模は約2000万人。雇用労働者のうち非正規で働く人は3割近くにのぼるとみられる」

ロストジェネレーション＝失われた世代。

バブル崩壊後の就職氷河期の中、正社員になれなかった者が多いロスジェネは、格差や貧困の当事者として語られ、そうして40代に突入した。

では、私たちが失ったものはなんだろう？

自分と、そして自分の周りの人たちの言葉から、思いつくままに並べてみる。

正社員の仕事。

安定した収入。

3か月先に自分が何をしているか分かる生活。

結婚。

出産。

子ども。

家庭。

ローンを組んで家などを買うという行為。

仕事を続けているとスキルがつくという蓄積。

社会的信頼。

親や親戚に会うたびに「いつまでそんなことしてるの」と言われない40代。

給料が上がっていくという前提。

貯金。

人間関係（正社員の友人と金銭感覚が違ってくるので一緒に食事など行けなくなる）。

将来の見通し……などなど。

「正社員か否か」ばかりが問われがちなロスジェネだが、正社員の座を掴んだロスジェネだって安泰ではない。この世代が社会に出た90年代から今に至るまで、雇用環境は、バブル崩壊と怒涛のグローバル化の中で悪化の一途を辿っている。私たちが社会に出てからの20年で流行った言葉と言えば、「なんちゃって正社員」「名ばかり管理職」「パワハラ」「自爆営業」「ワーキングプア」「ブラック企業」「ブラックバイト」「定額働かせ放題」などなど。その間、仕事を原因とした精神障害の労災請求数、認定数は増え続け、２０００年は請求２１２件、認定36件。これが２０１８年になると請求１８２０件、認定４６５件と激増している。

厳しい雇用環境のなか、「自己責任」を刷り込まれ、同世代がネットカフェ難民化するのを見てきたロスジェネ。自分はまだ大丈夫だとしても、友人知人に必ず一人は「将来、大丈夫か？」と心配になる同世代がいるロスジェネ。現在、35〜44歳で未婚で親元にいるのは300万人にのぼる。ひと昔前はほとんどいなかった層だろう。この層は、このまま親の介護に突入し、「介護離職」当事者となる可能性もある。介護離職だったらまだいい。介護殺人や介護心中をどう防ぐかも大きな課題だ。

私もロスジェネの一人

さて、1975年生まれで1993年に高校を卒業、1994年から1999年までの5年間をフリーターとして過ごし、2000年から文筆業をしてきた私もロスジェネの一人だ。そうして今、45歳。先に書いたように独り身で、子どもはいない。

そんな40代についてのデータを見ていて、最近、驚いたことがある。

それは40代男性についてのデータ（都留文科大学名誉教授・後藤道夫氏による）。今から25年前の1995年、結婚していて子どもがいる40代男性は全体の70・7％。しかし、これが2015年になると、結婚していて子どもがいる40代男性は51・1％。20年で20ポイントも減っているのだ。周りを見渡しても、40代の独身男性は多いし、結婚していても子どもがいない人も少なくない。

その理由のひとつに確実に挙げられるのが、やはり非正規化だろう。35〜44歳の非正規雇用率は28・8%。全体の37・9%と比較すれば低いが、働き盛りで、一般には子育て世代と言われる層である。

国税庁の「平成30年分民間給与実態統計調査結果」によると、正規の平均年収504万円に対して、非正規は179万円。

一方、2017年の賃金構造基本統計調査によれば、正社員の賃金321・6万円に対し、非正規は210・6万円。ともにフルタイムだ。

非正規だと、給料が上がることもない。逆に加齢によって仕事は見つかりづらくなってしまうことも多い。

それを裏付けるように、貯蓄ゼロ世帯の多さも問題だ。

家計の金融行動に関する世論調査によると、2017年の30代単身の貯蓄ゼロ世帯は40・4%。40代単身では45・9%。

民間の調査も見てみよう。2019年3月、SMBCコンシューマーファイナンスが発表した結果によると、30〜40代の「現在の貯蓄額がゼロ」は前年比6ポイント増の23・1%。平均貯蓄額も前年比52万円減の195万円だったという。

貯蓄ゼロだと、ある意味、いつ生活保護を利用することになってもおかしくない状態だ。

ＮＩＲＡ総合研究開発機構のレポートによると、就職氷河期におけるフリーターが増加することによって、今後77万４０００人の潜在的な生活保護受給者が生まれると試算されているそうだ（YAHOO! ニュース ２０１9年9月13日。もはや身近な制度 非正規雇用のための生活保護入門 今野晴貴 https://news.yahoo.co.jp/byline/konnoharuki/20190913-00142510/）。

一方で、正社員も決して安泰とは言えない。

今から22年前の１９９７年と比較して、子育て世帯の年収は97万円も下がっているからだ。年間１００万円近くも収入が下がるなか、それに見合った支援がなければ生活が苦しいのは当然だ。

そのうえで注目しておきたいのは、男女格差の問題だ。

国税庁の「平成30年分民間給与実態統計調査結果」によると、正規と非正規を合わせた平均給与は４４１万円。しかし、男女別に見ると男性５４５万円、女性２９３万円と、２５０万円以上の差がついている。

非正規雇用率で見ると、２０１８年で全体は37・9％。が、男性22・２％に対して女性は56・1％。また、非正規で働くうち、68・４％を占めるのが女性だ。

非正規の平均年収が１７９万円であることも先に書いたが、非正規男性２３６万円に対して、非正規女性は１５４万円（国税庁の「平成30年分民間給与実態統計調査結果」）。

「でも、その非正規の中には主婦パートとかもいるんでしょ?」という声もあるだろう。が、35～44歳の独身女性のうち、非正規で働く人は41%。ロスジェネ独身女性の4割が不安定雇用なのである。

ロスジェネは、未婚率も高い。

2015年の国勢調査によると、35～39歳の男性の未婚率は34・5%。40～44歳だと29・3%。一方、女性は35～39歳で23・3%。40～44歳で19・1%。2005年の調査と比較して、35～39歳の未婚率は5ポイント、40～44歳の未婚率は7ポイント上昇している。団塊世代の女性は30代前半の時点で未婚率10%程度だったことを考えると、より違いがはっきりするだろう。

出産のタイムリミットも

バブル崩壊後に社会に出た私が「就職氷河期」という言葉を耳にしたのは20年以上前。まさか40代になってまで「氷河期世代」と呼ばれ続けるなんて、その苦境が続くなんて、想像もしていなかった。そしてこの20年はいつからか「失われた20年」なんて呼ばれるようになっていた。20歳から40歳までがきっちり「失われた20年」と重なった私たちは、多くの可能性や機会を失った。親世代を見ると、20歳から40歳までの間に就職したり結婚したり出産したり子育てしたりローンを組んで車を買ったり家を建てたりしていたものだが、そのすべてを手に入れていないというロスジェネは多い。そうして40代ともなれば、女性は出産のタイムリミットという問題にも直面せざるを得ない。

そんな逆境が続いて、20年以上。

今になって、やっとこの世代を「救わなくては」という機運が高まりつつある。だけど、「今さら遅いよ」という思いもある。「人生再設計第一世代」という言葉もバカにされている気がする。散々破壊して放置して、「自己責任」と突き放してきた当人から「再設計してあげましょう」なんて、なんだか悪い冗談みたいだ。

政治から見捨てられるなんて

現在30代なかばから40代なかばの私たちが「ロスジェネ」と名付けられたのが2007年ということは先に書いた。

当時、メディアなどには、「若者」だった私たちの世代の苦悩を語る言葉が溢れていた。そのような場は「ロスジェネ論壇」などと呼ばれ、まだアラサーだった論客たちは大いに自分たちの生きづらさを語った。私もその一人だった。

そんな頃、私の書いた文章を紹介したい。

2007年11月5日の毎日新聞に私が書いた「フリーター論壇」という原稿だ。フリーター論壇は、ロスジェネ論壇とほぼイコールだと思ってもらえばいい。一読して驚いたのは、2007年、フリーター問題はまだまだ「労働問題」という認識すら薄かったということ。以下、引用だ。

「これまで、フリーター問題は、当事者以外から『個人の心の問題』として分析され、批評されてきた。『やる気がない』『自由でいたい若者』といった一方的なイメージと、『夢追い系』『モラトリアム系』などという分類。しかし、当事者によるフリーター論壇の大きな特徴は、この問題を『心の問題』に矮小化せず、『労働の問題』『雇用の変化の問題』『産業構造の問題』『経済のグローバル化の名のもとに進められる新自由主義の問題』、そして『生存』そのものを巡る問題としてとらえ返されていることだ」

「私たちは知っている。夜勤明けのボロ雑巾のような身体を引きずる帰り道。しょぼしょぼする目に差し込んでくる眩しすぎる朝日の恨めしさ。『労働』の後なのに充実感などはなく、強烈に湧き上がる『フリーターをしている』ことへの『罪悪感』。働いても働いても一向に生活は楽にならず安定せず、自分が『国際競争の最底辺』で捨て駒にされていることを身を持って感じる日々。それなのに世間からは『やる気がない』『働く気がない』とバッシングされる。では正社員が楽をしているのかと問えば、どうやらそうではない。連日18時間労働を続けて痩せこけていく友人。過重なノルマに押しつぶされるように心を病んでいく過去の同級生たち。どうしてこんなに苦しいんだ？　どうしてこんなに生きることが大変なんだ？　どうして『普通に働いて生きていく』ことがこんなにも難しいんだ？　私たちは果てしない徒労感の末に、この状況が作られた原因を知ることを渇望した。そして探った。何よりも、自分自身のために。そうして文字通り血の滲む思いで、自らの『尊厳』をかけて作られてきたのが『フリーター論壇』だ」

ここには、まっすぐな怒りがある。当時の他の原稿やインタビューを読み返しても、怒りとともに、眩しいくらいの「希望」がある。今、なんとかすればまだ間に合う。私たちは「人並み」になれる。そんな思いがあって、私たちは多くの「可能性」を手にしていた。今、職業訓練をすれば、正社員として活躍できる人がたくさんいる。結婚、出産を望んでいる人たちができるようになる。私を含め、10年以上前、論客の多くは「政治」を信じていた気がする。少なくとも、高度経済成長時代に子ども時代を過ごした私は、「まさか政治が自分たちを見捨てることはないだろう」くらいの、この国に対する信頼を持っていた。

しかし、この原稿を書いてから今に至るまでの13年で、その信頼は粉々に打ち砕かれた。みんなは13年分、歳を取った。私たちは若者ではなく、中年となった。

あと10年早ければ

政府の「人生再設計第一世代」への方針にあまり期待はできないけれど、ロスジェネの苦境を本気でなんとかしようという機運が高まるのがあと10年早ければ、と今、歯噛みする思いだ。

そうしたら、もっとやり直せたのに。いろんな可能性があったのに。まだ30代だったのに。

いろんな才能がある人たちが、うつ病になったり生活保護を利用するようになるのを見てきた。ホームレスになるのも見てきた。自ら命を絶った人も見てきた。

夢を持っていた人たちが、使い潰されるのを見てきた。時に若さや無知を利用され、若くなくなり自分の身を守る知識を得たら得たでうとましがられるのも見てきた。そうして「自己責任」と放置されることで、いろんなことが手遅れになった。

団塊ジュニアでもある私は、数が多いことから、子どもの頃からずーっと競争の中を生きてきたという実感がある。そうして今、宝塚市の市職員採用試験で600倍の倍率のなか、また競争しなければならない同世代を思うと、胸が苦しくなる。

思えばずっと「競争漬け」の人生だった。

中学生では「受験戦争」になんとか勝ち抜いて進学校に進んで、だけど大学進学の競争には負けてフリーターになって、なんとかフリーターを脱出する競争にはギリギリ勝ち抜いて25歳で物書きになって、今年で20年。

この20年、出版不況の中、物書きとして生きてきて、私にはほっと一息ついた経験が45歳の今に至るまで一瞬たりともない。親元を離れた18歳から現在まで、ずーっとお金と仕事の心配ばかりしている。そして、そんな強迫観念じみた感覚は、ロスジェネ共通で特有のものだとも思うのだ。常に走り続けていないとリアルに死ぬと思っている。社会に出た時に就職氷河期で、30歳前後でリーマンショック。同世代がホームレス化する状況を見せられたロスジェネのトラウマはあまりにも根深い。

周りを見渡せば、一度も海外に行ったことがないというロスジェネがいる。それどころか国内でさえ「旅行」というものに行ったことがないという人も少なくない。車の免許を持たない人も多くいる（私も持っていない）。「飲みに行こう」「食事に行こう」ということになると必ず「お金がないから帰る」というロスジェネが出る。だから、駅前の路上や公園でコンビニで買ってきたビールを飲んだり路上で鍋をしたりすることが自分たちの「日常」になっている。そうなると、お金がない友だちとは冬には会えない。冬は路上飲みするには寒すぎるから。

ロスジェネと右傾化

もうひとつ、自分の「落とし前」として書いておきたいことがある。

それは昨今注目される「歴史修正主義」とロスジェネの関係だ。

私が23歳の頃、小林よしのり氏の『新・ゴーマニズム宣言SPECIAL 戦争論』（幻冬舎、1998年）が出版された。

『戦争論』は、多くのロスジェネにとって「初めての政治体験」となった。そうして『戦争論』以前から小林よしのり氏の『ゴーマニズム宣言』（扶桑社、1993年）の熱心な読者だった私は、その時、右翼団体に入っていた。

ロスジェネは、もしかしたら「右傾化第一世代」ではないのだろうか？

ロスジェネと『戦争論』について、1章で倉橋耕平氏と存分に語った。2章では社会学者の貴戸理恵氏とロスジェネ女性問題などを語り、3章では『貧困と自己責任の近世日本史』（人文書院、2017年）で江戸時代の自己責任論を綴った木下光生氏と語った。そして4章ではアジア人たちと「マヌケ連帯の輪」を作り、貧乏に「開き直るしかない！」と数々の実践を繰り広げる松本哉氏との対談となっている。

倉橋氏は1982年生まれ、貴戸氏は1978年生まれ、木下氏は1973年生まれ、松本氏は1974年生まれ、そして私は1975年生まれ。全員がロスジェネである。4人との対談では、時に脳みそが沸騰するほど考え、時にお腹を抱えて笑い、時に涙を堪えながら言葉を探した。

とにかく、これほど面白い対談本はないと自信を持って断言できる。

この本が、あなたの「気づき」のきっかけになれば、これほど嬉しいことはない。

第1章 ロスジェネと『戦争論』、そして歴史修正主義

倉橋耕平×雨宮処凛

はじめに

雨宮処凛

私の「黒歴史」。なぜ、右翼に入ったのか

この数年で読んで一番鳥肌が立った本。それを一冊挙げろと言われたら、私は間違いなく『歴史修正主義とサブカルチャー　90年代保守言説のメディア文化』（青弓社、２０１８年）を挙げる。著者は社会学者の倉橋耕平氏。

この本には、私の「黒歴史」の背景が、あますところなく描かれている。

「黒歴史」についてざっくり説明すると、１９７５年生まれの私は、１９９７年から１９９９年まで、年齢としては22歳から24歳まで、右翼団体に入っていた。

と言うと、当然、人は「なんで？」と聞く。

それに対して、私は「フリーターで貧乏で生きづらすぎて、なんかもう世の中を憎むモードに入ってたから」と、ものすごく雑に説明することが多い。面倒だから。

だけど今、面倒がらずにちょっと丁寧に説明してみよう。

とにかく死にたかった

きっかけは、右翼に入る2年前に起きた阪神・淡路大震災とオウム真理教による地下鉄サリン事件だったと思う。私にとってふたつの事件は、「戦後日本」の繁栄と、それを下支えする価値観が目の前でガラガラと崩壊していくような、そんな衝撃を与えるものだった。

特にオウム真理教の存在に衝撃を受けた。

自分より少し年上のバブル世代の若者たちがあのような宗教団体に入ったことについて、当時の大人たちはテレビなんかで「戦後の日本の価値観や教育が間違っていたからではないか」なんて話をしていた。一瞬だけ、「心の時代」「心の教育」なんて言葉も流行ったりして、大人たちはほんの少しの間、「モノとカネばかり追求し続けてきた戦後日本」を振り返り、内省したりした。

そのことは、私にとってまたまた大きな衝撃だった。

オウム事件が起きた時、私は20歳でフリーター。不況が深刻化するなか、バイトはしょっちゅうクビになり、そのたびに「自分はいらない人間なのだ」と手首を切り、薬を大量に飲むなどした。一度は救急車で運ばれて胃洗浄を受けたこともある。

当時の私はとにかく死にたかった。小中高と「頑張れば報われる」という戦後日本の神話を信じてそれなりに頑張ってきたつもりだった。団塊ジュニアで数が多いことから中学では受験戦争が過酷を極め、その中で副産物的に発生したいじめの犠牲にもなりながら、いじめに耐えて学校に行き、いい成績をキープし続けた。

しかし、自分が社会に出る頃にはバブルはとっくに崩壊。

高校卒業後、美大を2浪した私は1994年、進学を諦めた。世の中は「就職氷河期」なんて呼ばれるようになっていて、頑張っても報われないどころか就職すらできない世の中になっていた。19歳になっていた私は、とりあえずバイトを始め、その瞬間、肩書きはフリーターとなった。

フリーターとなって半年もする頃には、この生活からの脱出方法はほぼないことに気づいていた。時給はじわじわと下がり続け、人員整理や売り上げ低下でしゅっちょう解雇を告げられた。こんなはずじゃなかったのに。いつもそう思っていたけれど、どうしていいのかわからず、そんなフリーターの日々は「怠けている」「だらしがない」「働く気がない」という世間のバッシングに晒された。

そんな頃、阪神・淡路大震災と地下鉄サリン事件が起きたのだ。

1995年は、戦後50年の年でもあった。

20歳の夏、お金がなくてどこにも行けない私は、テレビで戦争絡みの番組ばかり見ていた。その年の1月の震災と3月のサリン事件で、私は「社会」について考えるようになっていた。もしかしたら、私のこの生きづらさは、政治とか社会とか、そんなものに関係があるのかもしれない。そんなことを考えていた時に見た戦争の映像。私は思った。もっと戦争について知りたいと。

同時に、焦っていた。

「頑張れば報われる」という神話が崩壊し、成績優秀な学生でも就職さえできない今、これまでの価値観がまったく通用しなくなっているからこそ、これからは政治や社会について本気で考えなければならないのでは、と。

なんとなく、「右翼」や「左翼」といった人たちは政治や社会について怒っているらしい、ということは知っていた。『ゴーニズム宣言』（以下、『ゴー宣』）を読んでいたから。

「生きづらい奴は革命家になるしかない！」

そんな頃、東京・高円寺で開催されたサブカルイベントの打ち上げで、生まれて初めて「右翼」の人に会った。新右翼団体一水会代表（当時）・鈴木邦男さんだった。ボーッとした様子のその優しそうなおじさんを、私は『ゴー宣』3巻を読んで知っていた。「右翼の優しいおじさん」はそれからイベントに誘ってくれたりするようになり、その流れで、私は新右翼の見沢《みさわ》知廉《ちれん》と出会うことになる。左翼から右翼に転向し、スパイ粛清事件などで獄中12年。

刑務所の中で文学賞を受賞して作家となって満期出所した彼は1990年代後半、多くのサブカル雑誌で連載を持つ売れっ子作家だった。刑務所生活を描いた『囚人狂時代』（新潮文庫、1998年）はベストセラーとなり、のちに小説『調律の帝国』（新潮社、1997年）が三島賞候補ともなった見沢知廉は当時30代後半。彼の読者だった私はイベントに行って知り合い、そしてリストカットなどの自傷行為をしていることを言うと、見沢知廉は言った。

「生きづらい奴は革命家になるしかない！」

そうして彼は、まず私を左翼の集会に連れて行ってくれた。が、専門用語ばかりで何を言ってるのかさっぱりわからない。

次に連れて行かれた右翼の集会は、ものすごくわかりやすかった。右翼の人は、今の世の中で若者が生きづらいのは当たり前だと、すべては「アメリカ」と「戦後民主主義」が悪いのだと叫んだ。

何がどうしてどうなったらアメリカと戦後民主主義のせいで生きづらいのかさっぱり分からなかったけれど、私は一瞬で免責された。

その瞬間まで、私は自分が生きづらくて貧乏で先が見えないのは、すべて自分が悪いと思っていたのだ。しかし、右翼の人は「悪くない」と太鼓判を押してくれるではないか。そして、生きづらい奴こそが、名もなく金もなく何者でもないお前のような人間こそが社会を変革する主体になれるのだ、と語りかけてくれるではないか。

私はすぐにその団体に入った。そうしたら、高校生の時からどうしてもやめられなかったリストカットが一瞬でやめられた。私はこれを「右翼療法」と名付けた。

何もないから「国家」

そうして2年間、右翼団体に所属した。

しかし、2年後、自分は右翼じゃないと思って、団体をやめた。もともと右翼も左翼も分からずに入ったのである。中にいていろいろ知るにつれ、自分は違うなと思ってやめた。1999年のことである。

今、なぜ私が右翼に惹かれたかを分析すると、いろんな要素が浮かびあがる。

例えば、当時の私は被害者意識でいっぱいだった。

「頑張れば報われる」という言葉を信じて、いじめ自殺しそうになりながらも頑張ってきたのに、バブル崩壊で「頑張れば報われる時代は終わりました」と、はしごを外された気持ちでいっぱいだった。学校も、先生も親も、大人たちの言っていたことはすべて嘘だった。

そんな「教育に騙された」という私の思いは、のちに「学校が教えてくれない靖国史観」的なものが入る心の隙間を作った。

それだけではない。北海道の高校を出て美大進学を目指し、単身上京した果てにフリーターとなった私には、家族も地域社会も何もなかった。そのうえ、フリーターとして生きていれば仕事も人間関係も流動的にならざるを得ない。近い将来クビになることが分かっているバイト先で友達を作る理由もない。また、フリーターになる前には美大を2回落ち、就職など夢のまた夢という就職氷河期を生きている。

当時の私は家族も地域社会もなく、学校にも入れず就職もできず友人もなく所属するコミュニティが何ひとつない状態だった。人から中間団体を奪うとどうなるか。私はそんな社会実験の実験台のようなものだったとも思うのだ。そうしてそんな私を受け入れてくれたのは、「国家」というストーリーだけだった。「日本」は、私を優しくその懐に抱いてくれたのだ。

私が右翼団体に入っている2年の間、私と同じような中卒・高卒フリーターが続々とその右翼団体に入ってきた。右翼と聞いて想像するようなヤンキー風の若者はほぼいなかった。みんな、私と同じようにバブル崩壊後の日本で、これからは政治や社会の問題について考えたい、と真摯な試行錯誤の中にいる若者たちだった。中にはオウムを脱会した元信者もいた。不況にもっとも影響を受ける層が、そうして大挙して右翼に入った。

もう一つ、忘れてはいけないのは、私が右翼に入った翌年、『新・ゴーマニズム宣言SPECIAL 戦争論』が出版されたことだ。

『戦争論』から20年以上

あれから、20年以上。

気がつけば世の中はものすごいスピードで右傾化と呼ばれる道を辿り、歴史修正主義が猛威を振るっている。

2000年代に入るとヘイトデモが全国各地で起こり、この10年ほどは嫌韓・嫌中本が続々と出版されてはベストセラーとなっている。2019年9月、『週刊ポスト』が「韓国なんかいらない」という特集を打ち、大きな批判を浴びた。しかし、テレビをつければ2019年秋、ワイドショーは韓国叩きの報道一色だ。

そんな2019年9月、第4次安倍改造内閣のメンバーが発表された。閣僚19人のうち、日本会議国会議員懇談会にも神道政治連盟国会議員懇談会にも参加していないのは公明党の一人だけ。

気がつけば、90年代に20代だったロスジェネは40代になっている。

そんなロスジェネの中には、「『戦争論』が初めての政治体験だった」という人が山ほどいる。今も、あの「血湧き肉踊る歴史」が日本の正しい歴史だと、当たり前に信じている人がいる。当時、既に20代だった彼ら彼女らの多くには、あの歴史観を「訂正」する機会などない。

『歴史修正主義とサブカルチャー』があぶりだしたもの

『歴史修正主義とサブカルチャー』は、「歴史修正主義者」「排外主義者」「レイシスト」「保守知識人」などと名指される人たちやその人たちの言説群で「何が」語られているかということよりも、「どこで」語られているかに注目している。そうして「保守知識人」とされている人々が、歴史の専門家でもなんでもないという事実をまず読者の前にあぶり出す。「はじめに」には、以下のような文章がある。引用しよう。

「歴史修正主義に対する批判は非常に多いにもかかわらず、それでも勢力は縮小するどころか拡大しているように見える。なぜなのか。主張が『欺瞞』や『隠蔽』、ならびに『誤謬』と『無知』に満ちていると指摘され尽くしていても、なぜ彼らはそれをやめないのか。『彼ら』は、学者による批判を意に介さない。『ゲーム』（知的枠組み）が違うからだ。私たちが、一般的な社会活動で共有している『手続き』（客観性、事実、エビデンス、調査、承認など）それ自体が失効している印象さえ受ける。歴史修正主義への批判として、『誤りである』と断じる著作やウェブサイトは、歴史修正論や歴史否定論の言説に人々が惑わされないよう、優れた仕事をしてきた。だが、それでもなお過去を賛美し、都合が悪い歴史を改竄することが許され、継続され、一定の支持を得ている。この状況を支えるものはなにか。

これまでの研究が私たちに教えてくれるのは、現代日本のレイシズム（人種差別主義）運動の背景の一つに歴史修正主義が深く関わっていて、そしてそれが『サブカルチャー』を媒介に拡散した、という『発見』である。すなわち、歴史修正主義者の実践は学問とは異なる規則、異なる目的、異なる場所で展開されているのだ。であるならば、問わなければならないのは、その場でのルール、目的、力学ではないのか」


当時、私の中での右翼や左翼といったものは、「サブカルの中の1ジャンル」でしかなかった。

鈴木邦男は『ゴー宣』に出てた右翼おじさんで、見沢知廉はサブカルスターだった。

そして当時、「サブカルクソ女」だった私は右翼団体に入会した。

そんな1990年代、何が起きていたのか。そしてそれが今にどう接続されているのか、倉橋氏と語り合った。

対談 倉橋耕平×雨宮処凛

「新しい歴史教科書をつくる会」「日本会議」ができるまで

雨宮 はじめまして。2018年2月に出版された倉橋さんの『歴史修正主義とサブカルチャー』は、この数年で読んだ本の中でもっとも刺激的な本でした。

この本を読むまで、私は自分の頭でいろいろ考えて右翼に入ったんだとばかり思っていました。だけど、当時の自分がどれほどいろんなメディアの影響を受けていたか、どれほど「仕組まれた右傾化」とも言うべき波を食らっていたかを知って、ものすごく驚いたんです。

と同時に、本書のテーマはロスジェネで、倉橋さんもロスジェネの最後の世代で1982年生まれです。そんなロスジェネはおそらく『ゴーニズム宣言』と『戦争論』をもっとも多く消費し、その影響を受けた世代ではないかと思います。

小学生の時に『おぼっちゃまくん』（小学館）を愛読していた私にとっても、小林よしのり＝「よしりん」は親しみが持てる漫画家で、そんな小林氏が『ゴー宣』の連載を1992年に始め、薬害エイズやオウム問題を取り上げるのをリアルタイムで読んでいました。そうして1996年に出版された『新ゴーマニズム宣言スペシャル　脱正義論』（幻冬舎）でいわゆる左翼と言われる人たちとの決別が描かれます。その2年後の1998年に『戦争論』が出版され、それからもう20年以上が経ちました。

歴史修正主義を分析してきた倉橋さんに、今日はいろんなことを伺いたいと思っていますが、まずは簡単な自己紹介をお願いいします。

倉橋　出身は愛知県の蒲郡市という田舎です。高校生まで田舎にいて、大学で大阪に来て、近畿大学の大学院に入り、情報社会論という理論をやっていました。近畿大学時代の僕の師匠が大越愛子さんというフェミニスト哲学者で、その人が「慰安婦」問題にずっと関わっていたんです。2001年に女性国際戦犯法廷があって、それを取材したNHKの番組の改変事件というのがありました。関西大学大学院の博士課程では、これを博士論文の時まで研究テーマとしていました。

雨宮　2001年に放送された「問われる戦時性暴力」という番組をめぐるものですね。番組内容が放送直前に大きく改変され、その背景に与党政治家の圧力があったと報じられた問題です。

倉橋　そうです。僕はその事件の裁判を中心として後追いで研究を始め、そこからより直接的に歴史修正主義を研究対象として扱うようになりました。

雨宮　最初に、そもそも「歴史修正主義ってなに？」ということを説明してもらえますか。

倉橋　歴史学における「リビジョニズム（修正主義）」とは、もともとは悪い意味だけではありませんでした。そもそも歴史学における歴史とは、新しい学説が出て検証が済めば修正されるものです。僕が知っている範囲だと、歴史学の中で修正主義っていう言葉を使い出したのは60年代以後のアメリカです。アメリカの伝統的な史学を批判した人たちが出てきたんですね。例えば、自国の内戦に批判的なスタンスを取ったり、日本への原爆投下に関して、「軍事的必要性があった」という通説を疑問視しました（岡部牧夫「歴史学と修正主義」『歴史における「修正主義」』青木書店、２０００年）。その人たちがリビジョニスト（修正主義者）と呼ばれるようになるのですが、その言葉が広く知られるようになったのは80年代以降、「ホロコースト否定論」が出てきたことによってです。いわゆる「ガス室はなかった」「ホロコーストはなかった」という議論が展開され、１９９４年にはアメリカの歴史研究者であるユダヤ人女性が「ホロコースト否定論」を分析し、その本で「否定論者 Denier」と名指されたイギリスの歴史著述家が彼女を訴えます。その話を題材として映画になったのが２０１７年に日本で公開された『否定と肯定』です（デボラ・リップシュタット『否定と肯定』ハーパーBOOKS、２０１７年）。

雨宮　ああ！　それが。

倉橋　そこに出てくるホロコースト否定論者の人たちが、自分たちをリビジョニストと名乗ったんですね。他方、日本では彼らのような歴史否定論者への批判として「歴史修正主義者」と言われることが多いです。ちなみに「ホロコースト否定論」が日本に登場したのは１９９５年の『マルコポーロ』という雑誌でのことでした。

雨宮　大きな問題になりましたよね。

倉橋　同じ頃の1993年、細川内閣ができてすぐ、細川護熙首相が戦争について「侵略戦争であった」「間違った戦争であったと認識している」と発言するんですが、これに当時の野党・自民党議員らが反発し、日本の歴史認識は占領政策と左翼偏向の歴史教育によって歪められているという主張をします。この頃の右派論壇誌は、明らかに河野談話よりもこの細川首相の発言に強く反発していました。

そして、1993年に発足した「歴史・検討委員会」を経由して、安倍晋三ら若手議員に歴史認識を引き継ぎます。安倍は「戦後50年国会決議」における「戦争謝罪決議」に反対する集会や署名運動を展開する右派勢力の運動をさせる議連「終戦50周年国会議員連盟」（1994年設立）の事務局長代理に議員1年目ながら抜擢されます。さらに、1997年には「日本の前途と歴史教育を考える若手議員の会」が発足し、安倍現首相が事務局長に就任します。

その過程で今でもあるような、「南京大虐殺はなかった」「東京裁判は勝者の裁きだ」「太平洋戦争は侵略戦争じゃなかった」「『慰安婦』問題なんてなかった」といったいわゆる歴史修正主義の主張が亢進してくるんですね。そんな動きが右派運動として更に盛り上がりを見せたのが、1996年に「新しい歴史教科書をつくる会」、そして1997年に日本会議ができた辺りからです。

求めているのは戦前回帰？

雨宮　それが今、右派が歴史を語る時のメインストリームっぽくなっている感じがあり、非常に危惧するんですけど、気になるのは、そのような主張をする動機です。「南京大虐殺はなかった」とか、そういうことを言いたい動機はなんなのか。

倉橋　彼らの動機は、戦後の歴史教育は「自虐史観」であり、左翼とアメリカの思惑でできているという認識に立って、教科書に掲載される歴史を自国賛美の視点から糺したいという点にあると思います。日本会議なんかは「戦前の日本が素晴らしい」という復古的なイデオロギーを全面化している。過去のものを美化したい欲望が前提となって、不都合な事象を組み替えていく。あるいは、組み替えることで過去の見栄えをよくしていく。これが根本にある欲望だと思っています。

そういう意味では歴史自体に興味がある、歴史の研究を深めたいというよりも信奉するイデオロギーが先にあって、それに都合のよいパーツで組み上げる歴史というのが、歴史修正主義者のやっていることだと分析できると思います。

雨宮　なんでその人たちは戦前回帰したいんですか？

倉橋　今の右派勢力は戦後の新右翼の系譜ですから、戦前の価値観や公的秩序に興味・関心がかなりある。憲法改正はその象徴的な主張のひとつです。そして、天皇を中心とした万世一系みたいな物語ですね。彼らはいまだに「皇紀」を生きていますので、大日本帝国の価値観みたいなものを取り戻したい。大日本帝国やそれよりも古くからある日本という国の連続性を維持したい。

だから、人権意識は全然なく、差別的だし、「女は家に」というような古臭い考えですよね。憲法24条の改正に積極的なのもそのせいです。「昔の家族の形の方がよかった」が、それを失わせてきた元凶は「戦後民主主義」と「左翼だ」、といったロジックを採用している。だから、アメリカとコミンテルンに洗脳されてるんだっていう陰謀論的発想になるわけです。

都合のいい敵が見つかるのであればなんでもいい。「反日日本人」という呼び方なんてその最たる表現ではないでしょうか。自分たちのイデオロギーとは異なる人たちはすべて「抵抗勢力」だという考えです。

雨宮　でも、戦前回帰を求めるのは、おそらく保守の本当にコアな人だけであって、ふわっとしたネトウヨの人とか、全然求めてない気がします。そういう人は徴兵制とかも嫌ですよね。

倉橋　たぶん嫌だと思いますよ。

雨宮　家父長制とかも、なんとなく「女より偉い」ことくらいは求めるかもしれないけれども、家父長制とかに価値を感じるとも思えないんですよね。

倉橋　そうですよね。その辺はよく分からない。ただ、「ふわっと」したネトウヨが右派勢力と同程度に（実態的な意味における）家父長制の維持に関心を持っているかは分かりませんが、ミソジニー（女性蔑視）である傾向は如実だと思います（後述）。加えて、嫌いなものを叩ければいいという感覚や形式的なものは、より広く共有されているトレンドだと思います。例えば、右翼の街宣車について Twitter に書いている若い人がいたんだけど、街宣車を見て「うるせえな、これだから左翼は」って書いてて。いやいやいや（笑）。

雨宮 すごいですね（笑）。

倉橋 ネトウヨの間では、天皇が「左翼」とか「反日」になってますし。

雨宮 親や兄弟を在日呼ばわりしたりもありますね（笑）。

倉橋 結局、話が通じないなとずっと思っていたんです。「『慰安婦』問題なんてない」とかの言い分に対して、歴史やフェミニズムの専門家から批判はずっと出ているんです。それが僕にはちゃんと学術的な手続きに則った正しい批判に見えるわけですね。でも、２０００年前後からずっと同じ批判をしてるのに状況は全然変わらない。批判がささらない。むしろ、批判を聞く耳など持たずに増殖しているくらいです。正当な批判が通じないということは、言説を作りだすルールが違うはずなんです。言説を展開している場所も、読者層も違う。そこにずっと違和感を持っていました。そこで、言説を存在させているメディアに絞って歴史修正主義を研究してみよう、というのが単著執筆の際の着想でした。

『戦争論』をどう読んだか

雨宮　言葉が通じない状況は今、もっと深刻になっていると思います。ちなみに、『戦争論』が発売された当時、読みましたか？

倉橋　出版された1998年、僕は高校生で愛知の田舎にいたので読んでいません。周りもあんまり読んでなかったですね。もちろん『戦争論』を真面目に読破して、今ネトウヨみたいになってるやつもいるんですけど、意識の高い子が読んでいるイメージでしたね。で、僕はというと、大学に入った2000年にブックオフで買いました（笑）。

こないだ、ちょうど同世代の研究者たちと研究会の時に『戦争論』の話になりまして、「あの当時読んでどうだった？」という会話になったんですけど、「正直なところ、よく分かんなかった」というのが僕らの世代では結構多くて、同じなんだなと感じました。

雨宮　あれが事実かどうかということですか？

倉橋　それもそうですし、何が言いたいのかもよく読み取れなかったっていうのもあります。特に「戦争がよかった」とか言ってるわけですから、「いいわけねえじゃん」っていうのがあって。

僕、一昨年92歳で亡くなったおじいちゃんが、戦争に行ってるんですよ。それでその経験を聞いていると、何を賛美できるのか分からなくて。

雨宮 どこに行ってるんですか?

倉橋 19歳の時に赤紙が来て、その2か月後に戦争が終わります。九州で基地の建設に駆り出されるという状況のなか終戦を迎えました。僕は戦争体験者の祖父が口すっぱく家で「戦争反対」って言っているのを見たギリギリ最後の世代でもあるので、『戦争論』が何を言ってるのかピンと来なかったんですね、当時は。もちろん、今は研究者として読解しますけど。

雨宮 逆に私は出た時にすぐ読んで、その頃は右翼団体に入って一年目だったんです。一番象徴的なのが、最初の「あちこちがただれてくるような平和」というフレーズというか、そういう気分でした。90年代の日本の、自分はフリーターで、力と暇は有り余ってるのに何もできなくて、世間は女子高生ブームで、そういうなかで燻ってた気分が絶妙に「戦争」とハマったんじゃないかなって。特攻隊のストーリーが、モラトリアムの自分に、「何をやっているんだ」と喝を入れてくれるみたいな、そういう物語として自分は消費していた感じというか…。

倉橋 僕とはかなり読書体験が異なりますね。

雨宮 私が右翼に入ったのは、作家の見沢知廉という人の紹介なんですね。彼に連れて行かれた右翼の集会で「全部アメリカと戦後民主主義が悪いんだ、お前は何も悪くない」って、いきなり全肯定されて入ったんですけど(笑)、結局、左じゃなくて右に行ったのは、1996年に出た『脱正義論』の影響も大きいのかもしれないと今になって思うんですよね。あれで左翼的なものに対するアレルギーが刷り込まれたというか。左翼＝偽善者みたいなイメージがあって。

あと、当時はフリーターで使い捨て労働力ですぐクビになるから、なんでもいいから誰か必要としてくれみたいなところもありました。右翼に入るともう、「憂国の志士」としてものすごい必要とされて役割があるんですよ。それが嬉しかったのもあります。

あとは「95年問題」。オウム事件と戦後50年、阪神大震災があって、これからは政治とか社会にちゃんとコミットしないといけないんじゃないかという、変な真面目さが私を右翼に導いたというところもありました。それに北海道から単身上京して、大学に進学できないし、就職もできないし、バイトはしょっちゅうクビになるから友達もいないみたいな、何にも中間団体がないからいきなり国家に行ったみたいなところもあるし。

倉橋　うん、うん。

雨宮　「学校に騙された」って思いもありましたね。「頑張れば報われる」的なことを言われて、でも自分が社会に出た瞬間に、今までの神話は全部嘘になりました、以上、みたいな。

もうひとつ、フリーターの時に飲食店なんかで働いてたんですけど、日本の一番底辺で、外国人労働者と最賃競争してるという感覚がどこかにありました。店長とかに「日本人のフリーターは時給が高くて働かないけど、韓国人だったら安くてもっと働くから取り替えたい」とか言われることもあったし、外国人労働者と変わらない立場なんだなと思うわけです。

そういう状態でいると、過剰に自分は「日本人である」ことにこだわる。外国人労働者と自分を差別化するものがそれしかないから、過剰にすがるみたいなところがあって。今でこそ外国人労働者と働くのは当たり前のことですが、90年代はそれが始まった頃でした。

そんなようなことから右翼に入ったんですけど、同時期に新しく入ってきた人たちは、私と同じような状況だったんですね。中卒、高卒のフリーターで、仕事の現場や近くには外国人労働者がいて。それで1998年に『戦争論』が出たら、それを読んでまたたくさん若者が入って来て。

おそらく90年代後半って、日本の若者が戦後初めて「外国人労働者化」した時だと思います。そういえば、私のいた右翼に入ってきた中には何人か愛知出身の人もいました。

倉橋　なるほど。

雨宮　愛知県って管理教育がむちゃくちゃ厳しかったじゃないですか。学校でこんなひどい目にあったとか、いわゆる日教組系の教師はこんなひどいやつみたいな、学校への反発が右翼団体入会の一つの動機にもなってたところがあって。

そういう反発は私にもありました。北海道の、今思うと日教組が強い中学校で、担任の先生が反天皇で、天皇にものすごく差別的なことを言いながらもいじめを容認し、かつ、ものすごい体罰教師だったので、何か学校への反発みたいなのもすごく感じていました。

当時は、右翼団体のメンバーと顔を合わせるたびに『戦争論』の話をしていました。特攻隊の話をして、「自分達は平和で豊かな日本でだらだら生きてるのに、特攻隊なんて十何歳で国のために死んで、俺たちも何か国のためにしようぜ」みたいな、特攻隊に喝を入れられるみたいな。今思えば私たちは豊かな日本の中でも相当の貧困層だったんですけど、そういう認識もまだあまりなくて。だけど倉橋さんの本を読んで、私たちが右翼団体に辿り着いたこと自体も全部どこか仕組まれていたというか、「つくる会」が結成されたり、保守系のやっていたキャンペーンにまんまとひっかかっていたんだなと知って、驚愕でした。

「自己啓発」としての特攻隊

倉橋　既に「教科書が教えない歴史」シリーズがすごく売れていたんですよね。『戦争論』もその流れに綺麗に乗っています。「つくる会」ができた時に記者会見があったんですけど、当時その記者会見に行った人のレポートを読んだら、小林は「これ売れますよ」って言ってるんです。歴史問題、売れますよって（関口すみ子「「慰安婦」問題を排除する「新しい歴史教科書」づくりとは何か―「新しい歴史教科書をつくる会」記者会見で語られたこと」『インパクション』101号、インパクト出版会、1997年）。そういう意味では仕組まれてたっていう感じは、商業的な部分には感じますよね。

それと今の話をお伺いしてて、興味深いなと思ったんですけど、雨宮さん、今「特攻隊に喝を入れられる」っていう話をしてて…。

雨宮　はい。

倉橋　僕、これ、自己啓発だと思ってます。

雨宮　ああ、私「シャブ」だと思ってます。覚醒剤とかカンフル剤とか。特攻隊をそういうふうに利用していたという。

倉橋　表現は違うけれども、雨宮さんのおっしゃるところと感覚的に近いものはあると思います。僕の本でも永松茂久の『人生に迷ったら知覧に行け』（きずな出版、２０１４年）という自己啓発書について言及しました。「平和祈念」でも「慰霊」でもなく、個人としての自分の生き方を見つめ直すために特攻隊基地があった知覧に行くことを勧める本です。自己啓発と国家っていうのはすごくくっついてます。Amazonの日本論というジャンルのところで―僕の本もそこに入れられてるんですけど―、どんな本が売れているのかなと見てみたら、自己啓発とスピリチュアルの出版社のものが目に止まります。この二つの系統の出版社が、怪しげな日本史を語ったり、韓国はこんな国だといったエビデンスの薄そうな本を大量に出しています。

雨宮　ああ…。

倉橋　日本（＝祖国）を考えること自体に自己啓発性があり、自分に喝を入れる作用もすごくある。それは、日本という国家と自己を同一化させるアイデンティティへの志向がそうさせるものだと思います。実際に90年代は、自己啓発本がブームになり始めた時期でした。「日本」

を語る本の一部はその中の一種というふうに見た方がいいかもしれないと思っているところがあります。右派はすごくセミナーが多いじゃないですか。最近はビジネス化しているみたいなんですけど、そういったものもこの図式の延長線上で考えてもいいかなと思うんですよ。

そういう本や小林よしのりの漫画が右翼的なものとして考えられる向きも当然ありますが、仮にこの書籍群を自己啓発書だと捉えるのであれば、国家というものは材料に過ぎないという部分がある。『人生に迷ったら知覧に行け』という本は、社会学者の井上義和さんが詳しく分析してるんですけど、知覧の実態と自己啓発は、実は関係ないんだと指摘していらっしゃいます（「記憶の継承から遺志の継承へ」『知覧の誕生』柏書房、２０１５年）。歴史を学ぶこと以上に「喝を入れる」ことに意味があるから巨人軍も行ったりする。知覧特攻平和会館にも「喝入れ」のために行くわけです。

要するに、歴史や国家は素材であり、メンタリティの部分が重要なのではないか。スピリチュアルもそうだと思うんですけどね。まさに雨宮さんと中島岳志さんが２０１７年５月９日号の『婦人公論』で対談していたような内容です。右派系の人達ってトンデモ科学大好きじゃないですか。

雨宮 はい、はい。

倉橋 ＥＭ菌とか、何とか水みたいなやつとか。

雨宮 トイレも素手で掃除したりとか。

倉橋 そう、そう。絶対繋がっています。

雨宮 ですよね。波動水とか。

倉橋 子育て系のとかも怪しいなと思ってるんです。

雨宮 あと、母乳。絶対母乳じゃなきゃダメっていう、おっぱい右翼ですよね。

倉橋 そう。これも同じ系譜だと思ってるんですけど。

雨宮 子宮系スピリチュアルもすごいですよね。で、全部合わせると安倍昭恵になる（笑）。

倉橋 そうなんですよ、まとめると安倍昭恵になるんです（笑）。もうHappyちゃん（前田紗智／竹腰紗智）とかすごいですよ。「引き寄せ系」スピリチュアルなのですが、2019年7月まで長崎県壱岐市観光大使でしたからね。詳しい話は省略しますけど、観光大使に繋いだのは昭恵夫人です。そして、Happyちゃんが壱岐市に建てたゲストハウス「月の器」を引き継いだのは、お仲間の「子宮委員長はる」こと八木さやで、バリバリの子宮系スピリチュアルです。

雨宮 そうなんだ…。あと、神、宇宙、神社仏閣、日本の四季の美しさ、そして大麻とかも。

倉橋 はい、はい。大麻です。ナチュラリスト志向とも繋がっていそうです。

雨宮 すごい分かります、そのぐちゃぐちゃさが。

倉橋 だからやっぱり僕の本で書いたことの延長線上で捉えるのであれば、右派の歴史観を歴史問題として正面きって左派が批判してきましたけど、実は違う文脈やルールに基づいているという視点で見た時に、初めて多くの人と今の歴史修正主義や右派の問題性が共有できるかなど思っていますね。

雨宮　ああ、そうか…。保守とリベラルでは、同じ言葉、テーマを扱ってるのに全然違う話をしてたんだ。だから言葉が通じなかったんだ。

『戦争論』批判がなかった理由

雨宮　倉橋さんの本を読んで改めてびっくりしたのが、『戦争論』に限らず、『ゴー宣』って、右翼系の文化人がたくさん登場するじゃないですか。で、当時、朝生とかを見てると『ゴー宣』で見た人達がいっぱい出てきたので、リアルタイムですごく親しみを感じてしまってたんですよね。でも、日本の歴史なんかについて滔々と語るいわゆる保守知識人たちって、倉橋さんが本で指摘されているように、別に歴史を専門としてる専門家でもなんでもなかった。その事実を知って、改めてびっくりしたんです。

そこで聞きたいのは、そもそもなんでそんな素人が参入しちゃったんですか？　ということです。ワイドショーのコメンテーター的な感じのアマチュアが歴史を語り、本を書き、さも歴史の専門家のような顔をしている。こういう事態はなんで起こったんだろうって。

倉橋　いわゆる「メディア知識人」みたいな枠が必要とされたんでしょうね。テレビとか雑誌で分かりやすく歴史問題や社会問題を語るという知性の需要供給のバランス問題です。それは学知とはまったく違うところで動くものです。メディア知識人と言われている人たちがたくさん登場してきたのは１９８０年代以降のメディア文化でしょうね（竹内洋『教養主義の没落』中公新書、２００３年）。ただ論壇レベルだったら、１９２０年代、30年代の論壇ができる頃からジャーナリズムで活躍する大学教員というのはいたわけなんですけど（拙著第3章参照）。あと一点は、「学知」という「権威」へのアンチテーゼという側面もあると思います。

雨宮　ああ、そうか。

倉橋　圧倒的にビジュアルメディアで出て来る人たちが増えて、先ほど小林のように絵が描かれていて消費者が親しみを持った。ある種の「キャラ化」ですよね。今のテレビのコメンテーターだってある意味全員アマチュアで、どんな問題でもコメントをする。限られた領域以外では、そこに専門性はないわけです。そして、この専門的な知識を持つ人からメディア知識人への需要の変化は、「文化生産者の評価」を重視することから、「文化消費者の評価」を重視するという価値観への移行を示していると思います。

雨宮　それ、すごく危ういことだと思います。特に日韓関係のワイドショーとか見ていると。ちなみに『戦争論』が出た時に、「これは歴史修正主義だ」っていう批判って、ほとんどなかったと思うんですね。少なくとも私はひとつもそんなことを聞いた覚えがない。でも最近、ヘイトスピーチに対してカウンターなんかで頑張ってたり、反差別のスタンスでいい報道をしているようなメディアの人から聞いて驚いた言葉が、「『戦争論』が出た時の後悔があるからやっている」というものです。

『戦争論』が出た時、とんでもないものが出たと思った。けど、こんなものを本気で相手にするのはばかばかしいし、みんなこんなの大嘘だって分かってるから、いちいち抗議することによってもっと注目を集めるから止めようと思って当時は黙っていた。でも今、それをすごく後悔してる、と。なぜなら20年経った今、『戦争論』的な歴史観を信じている人が大勢いて、その歴史観がかなりの力を持ってしまっている。20年前の反省を生かして、今、反ヘイトをやっていますって上の世代の人が結構いて、私はびっくりしたんですね。

なぜなら、私にとって初めての「歴史」がまさに『戦争論』で、もちろん右翼団体に既に入っているわけですけど、それを完全に補強してくれたのがあの漫画だった。それがこれほどヤバいなら、なんで黙っていたのかなって。もしその時に言ってくれていたら、私は戦争や歴史についての情報に飢えていたので、対比できたと思うんですね。でも、私の知る限り、誰も言わなかった。のちに『戦争論』に反論するような本が当時何冊か出ていたことを知りましたが。

倉橋　ええ、出ていましたね。

雨宮　でもあまり売れてないし、ある意味で、『戦争論』は面白いじゃないですか、漫画で。でも反論本は圧倒的につまんないわけですよ。説教して、正しい歴史はこうですよって。そんなもん面白いわけないので、読みかけても読めないみたいな。『戦争論』は90万部とかですよね。反論系の本っておそらく数千部ですよ。

倉橋　確かに当時の知識人はちゃんと相手にしてなかったですよね。「つくる会」に対しても、良心的な歴史学者ぐらいしかリアルタイムに対応していなかったのではないか。やっぱりさっきから言っているように、「ゲーム」の違いが関係していると思います。いいか悪いかはさておき、アカデミックな世界にいると分かるんですけど、学術の中でもしょぼい研究を扱うとこっちの格が下がるだけだから除外したり放置しようってなるんです。だから、「どうせ漫画で描いてあるもんでしょ」という「知的に取り合う必要がないもの」として扱うという態度が、少なからず研究者にはあったと思います。さらに、それはメディア性の違いでもあるわけですよね。調べたんですけど、右翼系の「歴史修正主義本」「歴史ディベート本」とかを大学図書館で探してみると、入ってないんです。学術書じゃないから。

雨宮　ああ。

倉橋　そこにはロジェ・シャルチエのいうところの「書物の秩序」があります。学術書である／ないっていう線引きがあって、大学図書館も学術的でないものは扱う必要がないっていう態度だったんですよね。でも、一方でカルチュラル・スタディーズとかメディア研究をやっている僕からすると、アカデミズムから排除されている人たちの実践を対象にすることこそ、メディア研究の人たちが積極的にやらなきゃいけなかったような気はします。

でも、そうしなかった。歴史修正主義や右派を歴史の問題だとか、政治の問題としてしか捉えられなかったことが、大きな課題を残してしまったんじゃないですかね。つまり、この現象全体が、人びとにとってどういうメッセージを含んだ「パッケージ」なのかを考えなかったのが少し失敗だったような気がします。まぁ、「フォロワー世代の特権」を使ったまとめ方ではありますが…。

雨宮さんは、僕の本を読んでくださって経験に重なると言っておられました。

雨宮 むちゃくちゃ重なっていました。というか誰かが作った台本どおりにものすごくうまく動いてしまったんだって。まさかここまで「つくる会」とかが描いた台本どおりに動いた女はいないだろみたいな、それはすごく思って。

倉橋 じゃあ、うまくいきましたね、分析が(笑)。

雨宮 こんなにあっさり引っ掛かっちゃってたんだっていう感覚を覚えました。でも、郵政選挙で小泉自民党が圧勝した時みたいに、狙ってないのにフリーターが引っ掛かっちゃったみたいな感じと同じだったと思うんですよ。私は全然狙う対象になってないのに、私の空虚さと貧乏さと何もなさが、愛国とか、ナショナリズムにものすごい親和性が高かった。奇跡のようにぴったりはまってしまった。でも、ロスジェネの中にははまった人が結構いると思うんですね。

倉橋 うん、うん。それは、もしかしたら僕らロスジェネ最晩年世代とは感覚的に少し違ったかもしれませんね。

雨宮　だからそれがすごい悩ましい。いま思えば、喝であり、自己啓発なんですよね。私が入った右翼団体は、街宣でも、「お前らは本当に生きていると言えるのか」とかそういう語り口なんですね。「何のために生まれて来たんだ」「末梢神経をくすぐるような消費だけの人生でいいのか。それとも決起するのか」みたいな、もう絵に描いたような熱血なんですけど、入るとものすごい充実感なんです。当時、何もすることがないというか、精神的にものすごい空白。そういう中で皆、堪えがたいんですよね、生きてるのが。

倉橋　うん、うん。

雨宮　しかも、全部アメリカと戦後民主主義が悪いという、かなり雑な歴史観と自己肯定を植え付けてくれたので。私はその頃憲法なんて読んだことないけど、団体は日本国憲法が全部悪いというような主張でした。でも、当時の右翼と今のネトウヨは大きな違いがあって、私がいたのは反米右翼だったんですよ。だからアジアっていうのは、ある意味眼中になかったんですね。

倉橋　はい。現在の右翼も旧植民地アジアも意識してきた「民族派」の人たちとも違う思考ですよね。

雨宮　それが2000年代なかばくらいから「俺達の仕事を奪う中国人」「俺の働いてた工場が中国に移転した」みたいな。同時に日本経済がどんどん没落してきた。そういう点が一番の違いじゃないかな。90年代の右翼はまだ反米でいられた。経済的な余力がまだあってアジアは脅威じゃなかったから。

倉橋　それは本当にそう言えるかもしれない。ちょうど「在特会」とかが出てきた時に、僕、一水会の鈴木邦男さんの雑誌記事とか探して見てたんですよ。いつの間にか、「鈴木さん左翼ですよね」とか言われるようになったとおっしゃってました。その時の鈴木さんが書いていたのは、いつの間にか民族派よりもっと過激な、さらに右の人達が出てきちゃってそう見えるだけだという所見でした。まさにそのとおりだったと思うんですよね。２０００年代中盤以降の排外的なものは、90年代に用意されていたものだったとは思います。要するに冷戦構造が崩壊して…。

冷戦崩壊までさかのぼっておさらいします

雨宮　はい。この辺の話を、冷戦構造崩壊後の世界云々の話を、当時の私は全然知らずに右翼に行っているんですね。なので、河野談話や村山談話が出た背景の状況というか、韓国の民主化やそれがあって「慰安婦」問題が出てきたとか、おそらくそういった流れを知らない人もロスジェネにはたくさんいると思うんですよ。なぜこのような歴史修正主義が90年代後半に噴出したかということは、本では１９８９年のベルリンの壁崩壊から書いてますね。この辺くらいから歴史をおさらいしていただけますか。

倉橋 めちゃめちゃでかい話ですね（笑）。

雨宮 はい（笑）。でもその流れを知らない人も多い。特に『戦争論』を20代で読んだ40代は。

倉橋 なるほど。今おっしゃられたように、90年代は激動の時代で、89年ベルリンの壁崩壊、91年ソビエト連邦崩壊が起こりました。東西冷戦体制が瓦解していくわけです。湾岸戦争もあって、それからユーゴスラビア紛争、これも社会主義国の独立紛争ですよね。そういう社会の大きな変化が起こっていました。

その中で、東アジア情勢はというと、例えば韓国だったら軍事政権から民主化していくことによって、その過程において個人の人権とか、現代で言うところのリベラル・ファクターの話が社会の中心に上がってくる。そこから、植民地責任が問われ始めるわけです。そこで外交問題として戦後責任問題が俎上に上がってくる。「慰安婦」問題が起こるちょっと前の国会では、徴用された朝鮮人の強制労働問題が議題に上がっていたのが象徴的な話のひとつです。

そういった大きな社会変化の中で、1991年に金学順《キムハクスン》さんの「日本軍の慰安婦だった」というカミングアウトがあって、1991年12月に日本政府を訴えるということが起こるわけです。

雨宮 まさにこれが「慰安婦」問題の始まりですね。

倉橋　ただ、同時にもう一つややこしいのが、その最中に日本国内の政治情勢もまたすごく激動だったことですね。１９９３年に55年体制が崩れて政権交代をする。野党が連合して細川内閣ができた。その前後に自民党を離党した政治家らが新党をたくさん形成するという新党ブームが起きて、政界再編が起こったわけですね。その新党の野党が共闘することによって、日本新党の細川護熙が首相になって、内閣を作って55年体制が一旦崩壊した。さらに１９９４年には政治資金疑惑で細川内閣が退陣して、同年には社民党と自民党が連立してというイデオロギーがねじれた状態で村山富市内閣ができるわけです。

雨宮　はい。

倉橋　要するに90年代は、旧植民地や大日本帝国が侵略した近隣諸国や地域などのテーマが扱われるようになった。いわゆる、東アジアにおけるポストコロニアル問題です。もちろんその背景として、周りの国が民主化してきたり、経済的に発展してきたという事情がある。特に、個人の保障、戦後保障をやってこなかったことが議題となりました。戦後の国と国のエリート同士で対話と合意があったものが崩壊して、戦後責任の取り方を変えなきゃいけなくなったところで「慰安婦」問題が出てきたわけです。

１９９２年1月の宮澤喜一首相訪韓の直前に歴史学者の吉見義明が防衛研究所で慰安所設置における軍の関与を示す資料を発見したことを受けて、宮澤首相が訪韓後に調査を命じました。その結果、１９９３年の河野談話では「慰安婦」の募集に甘言、強圧など本人の意に反する募集があり、軍も加担していたことを認めました。そしてその後、村山内閣は、「与党戦後五〇年問題プロジェクト」を立ち上げ、民・官が協力して1994年の「アジア女性基金」の設立へとつながります。

ここまでは単なる歴史の整理なんですけれども、最近この時期の政治意識に関する実証的な研究が増えてきているなと思っています。先日、「朝日新聞」で政治学者の宇野重規さんが近年の政治意識の話をまとめていて、「慰安婦」問題が登場する前後辺りから、いわゆる「保守」「革新」という言葉が、旧来のイデオロギー分類というものでは理解が不可能になっている、と説明しています（若者の政治意識　自明性を失う『保守』と『革新』」『朝日新聞デジタル』2019年6月15日）。

雨宮　うん、うん。

倉橋　例えば、今の40代よりも下の世代の政治意識では、一番の「革新」政党は「維新」ですね（遠藤晶久、ウィリー・ジョウ『イデオロギーと日本政治』新泉社、2018年）。どこでねじれたかというと、やっぱり90年代の間にねじれた。だから、40代より下に、なんですよね。それよりも上の世代だと旧来的な「保守／革新」という分け方ですが、下の世代になってくると、上の世代の既得権益層をぶっ壊すやつらと、特定の人たちの利益を守るやつらという分け方で、前者が「革新」、後者が「保守」となります。

例えば、40代以下では公明党が一番保守なんですね。「自分たちのことしか考えない」という理屈でこの結果になっています。つまり、90年代に「保守／革新」っていうイデオロギー理解が壊れたと思います。例えば、「新しい歴史教科書をつくる会」の藤岡信勝も、イデオロギーに捉われない自由主義史観を主張するんです。

雨宮　ああ。

倉橋　「イデオロギーに捉われない」っていうのはネトウヨもよく言います。今年『ネット右翼とは何か』（青弓社、２０１９年）っていう本を出したんですけど、そこで右派論者の西村幸祐を扱いました。西村幸祐も反日イデオロギーにも捉われない、右とか左とかじゃないんだと言ってるんですね。実際のところ思いっきり右なんですけど。その辺りがすごくねじれている。例えば、既得権益をぶっ壊していくやつが一番「革新」なんだって言うけれども、一番既得権益層を守ってるのは自民党や維新なんですから。

雨宮　はい。共産党が一番保守だと思ってる人もいますもんね。「憲法を守れ」とか、「雇用を守れ」とか、「守れ」ばっかり言ってるからって。でも、本当にそう見えておかしくない。そういうねじれが一番前面に出たのが、「自民党をぶっ壊す」って言った小泉。郵政選挙の時に、いわゆるロスジェネの貧困層が支持したこともその象徴ですよね。

倉橋　そうですね。ただ、日本でとんでもなく新しいことが起こっているのかというとまったくそんなことはなくて、スチュアート・ホールというカルチュラル・スタディーズの研究者がいるんですけど、ホールがサッチャリズムの研究をした際と、起こっていることはそっくりです。つまり、サッチャー政権の新自由主義方向に舵を切っていくと、一番割を食うのは最下層の労働者にもかかわらず、最下層の労働者がサッチャーを支持する。

雨宮　ああ…。

倉橋　ホールはその文脈で面白いこと言っているんです。「民主主義」や「自由」や「平等」など、これまで使っていた言葉の持っている歴史上の意味的な連結を切り離して、そこに新しい意味を付け加えて、新しい政治主体を作り、それに支持が集中したのがサッチャリズムだった、と。まさに小泉政権の時もそうでしたね。「抵抗勢力」なんてキーワードはまさに新しい政治主体を創出する言葉です。今なら例えば、杉田水脈が使っている「差別」とか「平等」という言葉は、必ずしも私達が言っている言葉とは一致しないと思うんです。

雨宮　それはすごく感じます。

倉橋　杉田水脈は、「男女平等は実現不可能な反道徳の妄想」って言ってて、だけど他方で「差別はない」って話もしている。おかしいでしょう、何かねじれてるでしょ。差別がない状態は平等な状態のはずなんだと思うんですけれども、そうじゃないんですよね（「なぜ右派は婚姻の平等に反対するのか。専門家に聞いた」ハフポスト2019年5月13日）。

彼女の頭の中では、男と女という異なる人びとは異なる扱いを受けるべきだという考え方を前提にしているので、「平等は無理だけど、差別はない」という思考は矛盾しない。やっぱりすごく思考や用いる言葉がねじれているというか。そういうことが日本で起こったのが90

年代で、80年代にイギリスでも似たようなことが起こっている。もはやジョージ・オーウェルの「ニュースピーク」のような話です。

男性特権の喪失

倉橋　ところで雨宮さん、自分がフリーターで、貧乏で、中間団体がなくて、一億総中流社会がぶっ壊れて、学校教育に騙された。頑張れば報われると思っていたのに騙された。そういう思いがあった、とおっしゃっていましたね。バブル経済が崩壊し、労働者は非正規雇用になる。そこにグローバリゼーションが入ってきて、先ほど言っていたような外国人の労働者が出てくる。他方で頑張れば報われるっていう規範はもっと前からあって、新自由主義的なものが、普通に経済のスタンダードになっていく。

こうした大きな変化の過程で僕が最近気になっているのは、男性特権の喪失なんですよね。ちょうど今年からもらっている科研費が「男性学」のジャンルのものなので、こうしたジェンダー意識については継続的に考えなければならないなと思っています。

雨宮　ほう。

倉橋　外国人に対する排外主義者も、ネトウヨみたいな人も、すごくミソジニスト（女性蔑視者）じゃないですか。

雨宮　はい。

倉橋　だから、「てめえらは俺らよりそもそも下っ端なくせに」という感情が意識的であれ無意識的であれその人になければ、あれだけ激しいミソジニーは出てこない。ただこれもまだ今に至っていろいろねじれていると思います。というのは、『ネット右翼とは何か』に所収されている社会調査の結果では、ネット右翼は男性が中心で、別に学歴も低くないし、年収も別に低くない人達。しかも40代、50代がボリュームゾーンで、経営者が多いんですよ。だから、ネトウヨが登場した時期よりも世代的に上の方にスライドしてるとは思うんですけど…。

雨宮　本当ですね。

倉橋　負け組ではない人達の方がネトウヨに結構いる。そこで、どういう状態になっているんだって考えてみると、一番分かりやすい表象は、維新みたいなマインドだと思うんですよ。つまり、一方で非常に上から弱者（女性や外国人）を見下す思考がありそうです。

　他方で、男性特権の喪失って、やっぱり非正規雇用化と生涯未婚率の上昇が連動しているように思われます。男性の場合は給料が少ないと未婚率が上がります。でも女性の場合は給料の高い方が未婚率高いんですよね（総務省『就業構造基本調査』）。さらに、日本の若者層の男性というのは、結婚してないと不幸だと考える割合が、世界一高いという結果がありますす（『第6回世界価値観調査』）。こうした規範意識から「男性の方が社会の割を食ってる被害者だ」っていう発想が出てくるのではないか、と思っているところがあります。

雨宮　うん、うん。

倉橋　でも、それは排外主義者の人達が言っていることとそっくりな構図ですよね。つまり、この社会においてマジョリティである自分達の方が「被害者」で、外国人にこんなに自分達の税金が使われている、社会がむしばまれている。日本人である自分たちの特権が奪われている。「自分達こそ被害者だ」とマジョリティが言い出す。このマジョリティが被害者であるという反転現象が起こるのは、そこに男性特権／日本人特権の喪失というのがあって、自分達の方が「割を食っている」んだということを、ある程度内面化してないと起こらないのではないか。

もしかしたら割を食っているという感覚に関して、勝ち組になっている人でもあんまり変わんないんじゃないかな、と感じてしまいます。自分は貧しい状況からは抜けられたからいいけど、社会全体を見たらそうじゃない、そいつらの代わりに戦うマッチョ男性の何が悪いんだ!? というような感覚があるようにも見えますけれどもね。

雨宮　周りを見ても、ロスジェネ男性の中には「妻子を養わなきゃ」的な昭和マインド、まだある人多いです。だけど非正規で未婚、とか。そういう価値観とミソジニーの関係も根深そうですね。

親がネトウヨ問題

雨宮　最近、実家に帰ったら親がネトウヨになってた問題もよく耳にします。そういう人達につける薬というか、どう対話をすればいいのか、いい方法、ありますかね…。

倉橋　一番難しい話ですね。実際に僕の周りにもそうした体験をしている人が結構いて、もう実家に行けないとか、政治の話が出たら対話のシャッター閉めるようにしてるなどと聞いたことがあります。あるいは、「私はフェミニストなのに、父親がネトウヨなんですけど」と、学生から相談されたこともあります。実家に帰ったら父親のパソコンのブックマークが、ユーチューブと保守速報などのネトウヨサイトになっているとか。でも、あれもやっぱり男性が多くないですか。

雨宮　そうなんですよ。これも男性の地位低下問題ですかね、定年になって、やることなくて、ちょっとネットでもやろうってやったらまんまとみたいな人が多いと聞きますね。

倉橋　これまでに対談したり、お仕事をご一緒させていただいた人からも耳にする話ですが、暇だし、退職後に節約のために新聞も取らなくなるし、そんなにインターネット・リテラシーがないからという理由も考えられます。

雨宮　次から次に動画を見て、俺は気付いたみたいな。俺しか知らないみたいな。

倉橋　動画の方が楽なんでしょうね。文字ばかりの動画はおっきい文字で出てくるし。

雨宮　ネット以外のこととしては、観光客に外国人が多いとか、実際に光景が変わっているということも大きいんでしょうか。

倉橋　それもあるでしょうね。調査でも高齢な人達ほど、排他的傾向は出るみたいなので。実際に大阪の場合は、中国、台湾、韓国の来訪者が約６割です。自分達がこれまで馴染んだことのない他者、自分達のルールを共有してない他者だと看做すと、実際に事件なんか起きてないのに、外国人による犯罪が増えるんじゃないかという体感治安が低下したように感じるのでしょうかね。実際の接触頻度の大小が無理解や不安を左右するという研究も数多くあります。

雨宮　それと日本経済の没落と、いろんなものが相まってという感じですよね。

倉橋　もちろん相まってだと思います。ただ、例えば今の60代中盤よりも上ぐらいだったら、経済的云々、雇用云々という話よりも、自分達と全くルールが違うことをやってたりとか。それこそマナーの話とかのレベルだと思います。マナーの話は大きいと思います。でも、それもアジアや南米の人に限っているという点では、明らかに染み付いた差別感情と、規範的・経済的な優位性という幻想による上下関係があるように思えますが。

雨宮　ちなみにネットを見たり本を読んだりして人はネトウヨになるわけですが、杉田水脈氏とか稲田朋美氏とか、何を読んで何に影響を受けて今のような考え方になったんでしょう？

倉橋 さすがに個人のことですから、すべては分かりません。でも稲田さんの場合はお父さんが椿原泰夫さんでしょ？　福井の関西圏で割と有名なお父さん。右翼運動の有名人です。彼女の場合は、旦那さんの弁護士・稲田龍示さんから「産経新聞」を薦められて読んでいて、いつの間にか産経の論者になってたって話ですね。

雨宮 私、倉橋さんの本で初めて、稲田さんが『正論』の読書投稿欄の常連で、そこから防衛大臣になったネトウヨシンデレラストーリーの人だったと知りました。

倉橋 あれは有名な話です。だから、拙著の記述には引用符がついていなかったことについて、この場を借りてお詫びをしたいです（笑）

雨宮 そうなんですか。でも『正論』のハガキ職人から防衛大臣になったって、とんでもなくないですか？

倉橋 とんでもないです。

雨宮 彼女は『正論』を読んで、一読者の弁護士として投稿していたわけですよね？　だから彼女も完全に素人なわけですよね？　その時。

倉橋 はい。一番最初の投稿は「慰安婦」問題の教科書記述ですね。その後、２００５年に本多勝一を訴えた南京虐殺事件の「１００人切り裁判」の弁護士ですよね、彼女は。

雨宮 それに、抜擢された。

倉橋 はい。その時に寄稿をしていて、それをきっかけに、安倍さん、萩生田さん、櫻井さんが。

雨宮　一本釣りしたわけですよね。

倉橋　でも、そこは椿原さんの福井の地盤というのが計算にあったんだとは思うんですけどね。

雨宮　ああ、そうか。あと、杉田さんってもともと公務員だったんですよね。

倉橋　西宮市の公務員です。

雨宮　何で今のような感じになったんですかね？

倉橋　杉田さんに関してはよく分からないんですけど…。

雨宮　稲田さんなんか弁護士だから高学歴だし。杉田さんは何を勉強されてきたんですかね。

公式サイトによると、鳥取大学農学部林学科卒業で、セキスイハウスに入社。それから西宮市役所。退職して政治を目指し、今は衆院議員。こういうのを見ていると、日本会議的な流れって90年代から着実に作られてて、これだけ権力を握ってというのはすごいですよね。20年掛かりで今のビジョンを描いていた人がいるってことですよね。それ、誰なんですかね。

倉橋　うーん、誰がビジョンを描いているかという問題は難しいですし、日本会議だけがすべてを動かしているわけではないと思います。最近出たフォルカー・ヴァイスの『ドイツの新右翼』（新泉社、２０１９年）という翻訳本があるんですけど、ドイツでも新右翼は新左翼のやり方をずっと見て学んだんだと。日本も一緒ですね。地方議会とかロビイングして、意見書を出したり、決議案を出したりして、左翼のやり方を学び、草の根でずっと活動してきたのが今の右派の特徴だと思います。

考えなきゃいけないと思っているのは、現在の歴史修正主義的なものとか極右的なものとかは、戦後すぐからずっとあったと思うし、特定の運動の中にはずっと保存されていたものなんですけど、ここまで顕著な形で政治の表舞台には出てこなかった。というのは、自民党の中の政治家達が、自浄作用を働かせてきたと思うんです。もちろん外交も含めて。それが90年代ぐらいから完全にタガが外れていく。さらに90年代以降の10～15年ぐらいを通して、自民党の戦中派の人がどんどん引退していく。

雨宮　ああ。そうですね…。

倉橋　小泉政権ができたのが2001年。その後、中曽根康弘さんと定年話で揉めたことがありました。公認の定年制を採用すると強制的に党内のオールド実力者達を排除できる。で、下の世代がやりたい放題ですよね。新右翼だってずっと「YP体制打倒」とか「戦後憲法体制打倒」とか繰り返し主張をしてきたわけですが、政権与党内部で抑えるものがなくなっていった。その結果、ヨーロッパみたいに極右政党があるという感じよりも、極右のエッセンスを与党側が取り込んで大きな勢力になっていった、という構図になっているように見えますね。

雨宮　私は右翼を1999年に辞めているんですけど、その頃、自民党政権が本気で右翼っぽくなってきたというか、右翼の言っていることがどんどん実現してきた。国旗国歌法とかができてすごいびっくりして、近付いてることに違和感を感じて辞めたところもあるんですね。

倉橋　ほんとほんと、そのとおりですよね。

雨宮　それと同時に、『戦争論』を1998年に読んで、最初は、自分が右翼に入ってたことの正しさが証明されたような気がしたんです。でも、周りの、右翼じゃない友達までもがハマっていって、「自分も特攻隊になりたい」みたいな、さっきの「喝を入れられる」みたいな、そんな話を聞きながらやっぱりすごい違和感がありました。まともに必要とされていたらこんなストーリーにハマる必要なんてないのに、使い捨て労働力としてしか必要とされてないと、「まともな命の使い道」を、ものすごく欲しがるんだなと。そこで引いたのもあったのが翌年の脱退につながりました。

あと、私のいた右翼団体は、ディベートを取り入れていたんですよ。

倉橋　ああ、いい証言を聞いた。すげぇいい証言聞きました！（笑）

雨宮　そうですか（笑）。月に一回くらい勉強会があって、そこでディベートをよくやってました。その当時、「金融ビッグバン」とかがリアルタイムの問題で。あとダイオキシンとか環境問題をテーマにルノアールの会議室でディベート勉強会してたんですね。で、ある時合宿をして、その時のテーマは「日本国憲法」でした。

倉橋　おお！　テンションが上がります!!!　右派「ディベート」の体験者が目の前にいるなんて！

雨宮　初めてこんなに喜ばれました（笑）。で、右翼は「憲法改正」って言うじゃないですか。

私も憲法読んだこともないのに、「改正」とか言ってたんですけど、ディベートするから皆で「読まなくちゃ」って言って読んだんですね。どれほどひどいことが書いてあるだろうって身構えて読んだら、前文ですごい感動しちゃって、「あれ、自分たちが堕落の象徴と思っている憲法に、いいこと書いてあるじゃん」みたいな(笑)。

私たちは『戦争論』だけでなくいろんな戦争の本を読んでいたので、戦争の悲惨さは知っているわけですよね。ある意味、右翼団体に入っていると、ずっと「戦争ぼけ」というか、戦争の話を毎日してる。そういう身からすると、憲法前文がものすごい輝いて見えるというか。それもひとつのきっかけで、私は右翼じゃないんだなと思って辞めたんですね。

倉橋 その憲法改正のディベートは、どのような感じでおこなわれたのですか?

雨宮 日本国憲法について、護憲と改憲に別れてのディベートでした。それまで憲法も読まずに「改正」とか言っててなんなんだって話なんですけど。

援交ブームと右翼

雨宮 でもそういう意味ではもっともっといろんなものが90年代にねじれていた。

私自身が本当にばかだったたいうこともあるんですけど、最初の頃、「慰安婦」を女性の人権侵害と問題視していたのは右翼だと思ってたんですよ。なんでかと言うと、当時のリベラル系と言われる人の中には、当時ブームだった援助交際を自己決定権の問題みたいにして肯定しているような意見の人もいた。でも、私のいた団体の人たちは援助交際について、「堕落した日本の象徴」と批判していた。他団体である一水会の人も、若い男性でしたが、日本の男性がアジアに買春しに行くことを街宣の演説でむちゃくちゃ怒ってたんですね。

そういう構図を見てて、一方では援助交際を「おっさんへの復讐」みたいに言うリベラル系の人がいる。宮台真司さんも、「終わりなき日常」の中で自分探しするようなイケてないやつらよりも、軽やかに体を売ってまったりする女子高生を「評価」している。そういう空気だったので、リベラルの人たちは自己決定権の下、援交、売春するのはオッケーという立場で、右翼は家族を大切にしたり、女性を大切にというモラル、道徳を尊ぶから援交や売春に反対なんだと思い込んでて、そこに慰安婦問題をあてはめると、「慰安婦」が性奴隷だと問題にして怒っているのは右翼だろう、という大間違いを超初期にしていたんです。

でも、90年代ってタガが外れていたというか、援交ブームをはじめ、大蔵省のノーパンしゃぶしゃぶの問題とかがあって、テレビではブルセラショップのことをやっていて。今で言う未成年への人身取引を、なぜあんなに大人たちは肯定していたのか。電車に乗れば中吊り広告にはおじさん雑誌が女子高生への劣情を煽るような言葉が踊っているし。そういうのがすごい怖かったんですね。この国の大人たちは子ども相手に何やってるんだろうって。そういうなかでそんな社会を批判してるのは、私が見る中で右翼だけだった。だからもう、全部をめぐる言説がすごいねじれていた。

倉橋 右翼が援助交際に反対していたという話は初めて聞きました。

雨宮 だから私は、「右翼は『慰安婦』の味方だと思ってた」って言うとびっくりされるし笑われることもあるんですけど、当時の日本のおかしさを話すと、「本当にそうだった」と共感されます。だって当時、フェミニスト的な文脈から、性の売買は自己決定という主張も注目を浴びていたし、「女の権利とか言う人」＝援交OKというものすごく雑な理解の仕方をしていました。

そういうなかで、未成年買春にまともに怒るようなまっとうな大人と接したいと思うと右翼しかいなかった。リベラルっぽい人は援交に肯定的に見えたし、サブカルっぽい人ももちろんOKだし。あと90年代サブカルって、死体写真とタトゥーとピアスと右翼と左翼と人権侵害を競うようなAVと。

倉橋 エログロナンセンス系ですね。ありましたありました！

雨宮 そういうのの全盛期だったじゃないですか。そういうようなものを全部ひっくるめて、一番安全な場所に思えたのが右翼だった。それで助けを求めたのが『戦争論』的ストーリーみたいな。バクシーシ山下とかのAV、「ボディコン労働者階級」とかをリベラルっぽい文化人が絶賛するみたいな、そういう90年代の空気の中で、逃げ場が右翼しかなかった。シェルターとして、90年代の日本では一番安全な場所に思えたのが右翼だった。

倉橋　私はそういう認識を持ったことがないので、眼から鱗の話です。

雨宮　だから、私のいた団体はものすごいストイックでみんなでお酒を飲むなんてこともまずなかったんですけど、当時の「タガを外しまくってひどいことをやった方が勝ち」みたいなノリのなかで、一部の人にとって最後の避難所的な所が、『戦争論』や「つくる会」だったのかもしれない、とも思います。

倉橋　さっきの男性問題とすごく関わると思うんですけど、僕には、まさに雨宮さんがおっしゃった援助交際問題の左右の違いは、過去にフェミニズムが指摘してきた重要な論点のように思えます。フェミニズムや女性学の視点を借りると、要するに、一方ではおじさん達が「性の自己決定権」を主張する女性達に便乗しながら、女性を買っていく「リベラル」な男性たちのダブル・スタンダードがある。例えば、『DAYS JAPAN』の広河隆一さんの事件がこの視点に当てはまると思います。自分たち「男」の問題なのに、人権問題という大義は男性問題の「外」にあると思っているから、足元を見ていない。

雨宮　そうですね。

倉橋　他方で、おじさん達が援交してたり、ノーパンしゃぶしゃぶ行っていることを批判していた右翼団体が、人権意識に則って売春ツアーはだめだって言っているのではないんですよね。「日本人の恥」であったり「自分の娘だったら怖い」という話法で反対する。要するに、国家や家父長の発想で批判をするわけです。

両者に共通するのはこの人権意識の欠如ではないでしょうか。
それにしても90年代のエログロにはびっくりさせられます。大阪の日本橋っていう東京の秋葉原みたいな電気屋街／サブカル街なんですけど、そこで「女子高生のつば」売ってましたからね。

雨宮　ああ。

倉橋　衝撃でした。

雨宮　人体の一部感がすごいじゃないですか。バラバラにされて値段をつけられていく感じが当時、本当に嫌だった。今思うと、90年代の日本で最もセクハラがなかったのが、私がいた右翼団体なんですよ。で、それ以外もう全部セクハラ。環境セクハラ。たとえ右翼が家父長制みたいなもの丸出しだとしても、同じ「男の傘の下」で、「何やらかすか分かんない変態」か「厳格なお父さん」だったら「厳格なお父さん」の方が安全かなっていう直感があったんですよね。

倉橋　それはそれで非常に窮屈な状態ですね。

雨宮　選択肢がその二つしかない。そこには上野千鶴子とかいないわけですよね。

倉橋　女性はいないんですよね。

雨宮　安心できる女性のコミュニティは存在しなかったというか、知らなかったので。当時の自分がわざわざ、安全を求めて右翼に行ったと思うと、泣けてくるっていうか。

倉橋　フェミニズムについてはどう思っていたんですか？

雨宮　全く知らなかった。フェミはとっくに日本で息絶えて、最後の一人として田嶋陽子が生き残ってるから皆で殺しにかかってると思ってました。でもそういう意味では、ロスジェネは男女とも、フェミニズムにかすりもしなかった人が多い世代かもしれません。

映画『主戦場』をどう観るか

雨宮　この辺りで2019年に公開された映画『主戦場』の話をしたいと思います。日系アメリカ人監督が撮ったドキュメンタリー映画で、慰安婦を巡って噛み合わない日本の保守、リベラルの人々の姿が描かれています。先ほども保守とリベラルの人が言語から違うことが話題になりましたが、映画を観るとまさにその連続でしたし、いろいろと衝撃でした。保守の人がこういうロジックを使っているのか、と。例えば杉田水脈氏は、「慰安婦」問題なんてもうない、ということを主張します。でもずっと言い続けられると、そっちの方が簡単で分かりやすいので、そっちに惹かれる理由もちょっと分かってしまうというか。だから、どうやったらまず話ができるようになるのかっていうのが、大きな課題な気がしたんですけど。

倉橋　言葉が通じない話ってやっぱり大きくて、「全体主義」とか「自由」とか「差別」とか「平等」とか、右と左で同じ記号を使っているんですけれども、言っていることがまったく違う状況が起きてて、要するに、「白って言ってる人と、白って言ってる人の間」で話が通じない。これは単語レベルで通じないとか文章レベルで通じないという話じゃないです。文脈理解の問題です。

そういう意味では少なくともこっちが向こうに合わせるか、向こうが定義して言葉を使ってもらわない限りは話ができない。あまり使いたくない言葉ですけれども、精神症状としてはパラノイアになっていくと思います。要するに妄想と妄想の間で整合性があって、その中で整合性がとれていれば一つのストーリーになる精神症状です。でもパラノイアになってしまうと、とりあえず見たいものだけっていう世界なのでパラレル・ワールドです。これは結構、深刻な問題です。

雨宮　もう手遅れ感がありますか？

倉橋　あります。それは日本だけじゃない。さっきも言いましたけど、サッチャリズムの頃からイギリスではあったので、かなり難しいと思いますね。いずれにしても、かなり長い時間をかけて現状に至っているわけですから、「特効薬」のようなものは考えにくい。

逆に言うと、言葉を解きほぐしていくことをやらないといけない。非常に面倒な作業ですけれども、彼らの言葉の意味は「恐らくこうだ」「こういう理解だ」っていう地道な作業を進めないと、『主戦場』で見えてきたような彼らの言説のおかしさにも気付かないことになってしまう。

ただ、この映画は批判しなきゃいけないところもあります。「慰安婦」問題論争における右派の議論に対してアンチを当てていくこの映画のやり方は、監督の編集の上で作られているわけですよね。だけど、右派の議論を紹介していることにもなっているわけです。だから、右派の議論を持ち上げてしまってもいる。あの映画への批判として右派は貶められたとか言っているけど（そして訴訟も起こしているけど）、実は貶められているだけではないという危うさがある。僕も興奮しちゃったけど、ああいう論破していく感じのスタイルって気持ちいいんですね（拙著「ネトウヨ的心性は自分のうちにもある」『文學界』2019年8月号、文藝春秋）。

雨宮　ああ。

倉橋　やっつけていく＝論破するのって興奮して面白いけど、映画メディアの文法に乗せられちゃったなっていう感想を持っています。それと自分が右派のことを分析、批判しながら、右派メディアのやっていることを追体験したような感じというのがあって、この映画はそういう意味では、新しいものの見せ方をしたという感じではない。

雨宮　あの映画に関して、分かりやすさと、「愚かな右派対リベラル」みたいな、その単純化は危険じゃないかっていう意見は結構ありますよね。

倉橋　それはほんとにそう思いますね。自分も気をつけなければなりません。

なぜ与党ではなく野党がバッシングされるのか問題

雨宮　言葉ということで言うと、もうひとつ問題だと思うのは、「野党がただのクレーマーにしか見えない問題」があるじゃないですか。

倉橋　あります。私も深刻だと思います。

雨宮　代替案がないのに文句ばっかり言って無責任みたいな。2019年6月、金融庁の老後貯蓄2000万円問題があったじゃないですか。あれを野党が追及してるのを見て、知人がすごく怒ってたんですね。政府にじゃなくて、野党に。「年金貰えないとか足りないとか、そんな分かりきったことで鬼の首をとったように与党批判する野党はバカじゃないか」と。「それで仕事してるふりできて楽だな」みたいな。うーんと思ったんですけど、本人は自分の賢さに酔っている。何をやっても与党ではなく野党がバッシングされる。今の状況を象徴してるなと思ったんですけど。

倉橋　私も大学で似たような場面に出くわします。学生たちが野党を嫌うのはなぜなのかということと、コミュニケーションの形式・様式のあり方が問題なのではないかという政治学者の野口雅弘さんの分析もありますよね（「『コミュ力重視』の若者世代はこうして『野党ぎらい』になっていく」現代ビジネス、2018年7月13日）。

雨宮　声がでかいとか、言い方とか。

倉橋　そうです。「コミュ力」が高いというのは、皆とバランスよく喋れて、和を乱さなくて、ギャンギャン言わないことですね。そうすると、一番和を乱している野党の人達っていうのは、ただのクレーマーに見える。だから、コミュニケーション・モードとして気に入らない。実はこれは政治の中身の問題（例えば、老後貯蓄2000万円の件）ではない。「内容」への批判と同時に「コミュニケーション形式」への違和感があるのではないでしょうか。僕はメディア研究者なので、こうした言説や情報を形作る「あり方」にも一貫して関心があります。

雨宮　それが大きい気がします。特に、頭ごなしに否定されたりすると絶対頑なになるじゃないですか。私も右翼の時、元赤軍派議長の塩見孝也さんに「とにかく右翼は辞めろ、お前は間違ってる」って頭ごなしに言われて。「我々と、人民と共に戦おう」とか言ってきて、どっちも地獄みたいな（笑）。でも、否定されればされるほど頑なになったので。上から目線で「あなたはものを知らないからネトウヨなんだよ」みたいな言い方をする人もいるじゃないですか。それ一番よくないと思って。

倉橋　同感です。

雨宮　小泉郵政選挙の時に、若者が自民党に入れて、その時、年配のリベラルの方々が、「ばかで貧乏な若者があんなことやらかして」みたいな批判をすごくしていたんですね。それは「もうお前ら選挙に行くな」というメッセージとして当時の若者を傷つけていた。でもリベラル年配の人は、若者に「なぜそうしたのか」と聞くことはなく、頭ごなしに否定するわけです。

今、私は同世代の人たちに、どうやって上から目線にならずに、でも認識を改めるべきではないのか、『戦争論』で止まってる場合じゃないんじゃないか、『戦争論』であなたが充足して、ちょっといい気持ちになっている間に、これほど取り返しのつかないことが起きていた、それがこの20年なんだっていうのを知ってほしいなっていうのがあるんですね。

倉橋　今の話の問題点はなんとなく自分にも分かるところがあります。ある作品を読んでいることを批判されること自体「アイデンティティの問題」になる。その雑誌を愛読しているとか番組のファンであることがアイデンティティの一部になり得るからです。そうすると、ひとまずアイデンティティの問題として扱わない方法で「実はこれはおかしいんだ」って話ができるのがいいと思うんですけれども、さて、それをどうやってやるかっていう話なんですよね……。

僕が体験している限りでは、学生の中にかなりミソジニーも強いネトウヨっぽい子は、大教室に300人いたら一人くらいいますかね。実際に会話できる場合は、学生は予備知識があるわけじゃないので、「どうしてそう考えるの?」「その考え方はどういう経緯で登場したか知ってる?」って質問しながら、話をゆっくり聞きますね。

雨宮　ああ。すごい。

倉橋　時間があるので、学生と直接話す。ネトウヨになりきってないから、思考の方法自体をほぐしてあげないとだめだと思うんです。

雨宮　「どうしてそう考えるの？」って言ったらなんて答えるんですか？

倉橋　こういうので読んだんだ、と。「え、それってどういうロジックになってるの？」「ここのロジックこういう疑問あるじゃん？」という疑問点を共有する会話はできるわけです。ただ、読んだ本やサイトを聞いてみると、ネトウヨサイトや自己啓発や怪しい心理学の本だったりする。そして、それを「学問」だと思っている節もあるんですよね。でも、こうした対応をできるのは、直接話しかけてきてくれるごくごく一部の学生に限られます。

雨宮　ああ…。そうなんですね。

倉橋　ええ。あまりしつこく聞くと学生へのパワハラ、アカハラですし、頭ごなしにダメって言っちゃうと、アイデンティティ・クライシスしていく。僕も口が悪いので本当に気をつけないといけないです。

もう一つ大事だと思っているのは、これだけメディアが増えて、言説への接触機会が多いっていうのは、大問題なんです。90年代の一番分かりやすい例が、酒鬼薔薇聖斗の事件が起きた時。少年犯罪自体はずっと減っているのにメディアの記事やニュースだけはバンバン増えて、「最近は少年犯罪が増えているから」って、うちのおかんとか普通に言い出す。いやいやいや。

雨宮　キレる14歳、キレる17歳問題ですね。

倉橋　それですそれです。おかんに説明して、「増えてないんですけど」と言ってもなんとなく真面目に取り合ってもらえない。でも、やっぱり接触回数が増えると、そっちの方が正しく思えてきてしまう。特に本読まない層には効く。以前対談した安田浩一さんは、こうした事態に対応するために「なんで左派は本を粗製乱造できなかったんだ」って言ってたんですけど……。

雨宮　ああ。

倉橋　学術書や人文書って高いじゃないですか。ブックレットとかでいいから、ペラッペラなやつをたくさん出せばよかった。部数は少ないかもしれないけど、出点数が多ければある程度接触回数を稼げるかもしれないので。そんな話をしました。でも嫌韓・嫌中本の方が売れるから、出版社はバンバン参入していく。

雨宮　そうですね。今の流れは出版不況とすごい不幸な形で重なって。その中で売れるコンテンツも、いろんな要素が奇跡的に偶発的に重なって、ここまでなっちゃったという感じがありますよね。もう出版業界終わった感っていうか、ここまでひどい惨状なんだっていう、「貧すれば鈍する」の究極な感じがしますね。

「見たいものしか見たくない」に抗う方法

雨宮　最後の質問ですけど、もう「歴史修正主義」という言葉の意味も分かって、それが広がった歴史的背景もうっすら分かって、だけどそのうえで「見たいものしか見たくないし、信じたいものしか信じたくない」というスタンスを取っている人も結構いる気がするんですね。そういう人に対してどうすればいいのかなって。もう右、左とか関係なく。

倉橋　「見たいものしか見たくないし、信じたいものしか信じたくない」を体現しているインターネットのシステム自体が、もはや時代の知性のあり方の一つの形式です。でも、インターネットが登場したから「見たいものしか見ない、信じたいものしか信じない」ようになったかというと、実はそうではなくて、人々の側にその欲望があったからネットという技術が普及したと思うんですよね。それは社会学の言葉で言えば、「複雑性の縮減」に関係するような欲望なのかなと思います。つまり、無秩序なものを整理整頓する、あるいは労せず理解する方法の一つだと思うんです。そのトレンドが、今では「見たいものしか見ない」という感じなんですね。

これにどう抗うかは、結構難しい。なぜなら他人を「お前は、見たいものしか見ていない」と断罪できるわけでもない部分があります。つまり、自分にもその欲望は絶対ある。その欲望と一回向き合うしかないんですよね。自分にもそうだ。でも、自分は何でその欲望を持つのか。そこは勇気を持って、もう一個違うドアを開けてみるというか。この欲望に抗うためには、それは大事なことだと思うんです。あと、論破の欲望とかにもね。

雨宮　そうですね。

倉橋　気持ちいいんですよ。他者をやっつけることは気持ちいいんだけれども、それに抗う。やっぱり自分に対する実存的な問いを棚上げしないことはいつでも必要だと思います。

雨宮　そうですね。自分も常に問われていますね。

今日はものすごく幅広い範囲のお話、本当にありがとうございました。

第2章 ロスジェネ女性、私たちの身に起きたこと

雨宮処凛×貴戸理恵

はじめに　雨宮処凛

過去形のロスジェネ

「いちばん働きたかったとき、働くことから遠ざけられた。いちばん結婚したかったとき、異性とつながうことに向けて一歩を踏み出すにはあまりにも傷つき疲れていた。いちばん子どもを産むことに適していたとき、妊娠したら生活が破綻すると怯えた」

この言葉は、『現代思想』2019年2月号に社会学者の貴戸理恵さんが寄せた原稿（「生きづらい女性と非モテ男性をつなぐ」）の一部である。

1978年生まれの貴戸理恵さんは私の3歳下で、やはりロスジェネの一人。自身の経験した不登校をはじめとして、様々な社会問題を論じる学者だ。そんな彼女は同原稿で自分たちの世代について「非正規雇用率が高く、未婚率が高く、子どもを持つことも少なかった世代である」と書く。そうして、冒頭の文章に続くのだ。

それを読んだ時、思わずページを閉じて、声をあげておいおいと泣きたくなった。それは私が初めて目にした、「過去形で語られたロスジェネ」だった。その描写に、「もう取り返しがつかないことなんだ」と、改めて、私たちの取り返しのつかなさを痛感した。同時に、同世代のいろんな人の顔が浮かんだ。

結婚を諦めた人。産むことを諦めた人。少しでもマシな生活のためにあがくことを諦めた人。生きることそのものを諦めた人。そして、私たちの、あり得たかもしれないもうひとつの人生に思いを馳せた。生まれた年が少し違っていれば、あったかもしれない選択肢の数々。

文章は、以下のように続く。

「働いて自活し家族を持つことが、男性になり女性になることだ、とすり込まれて育ったのに、それができず苦しかった。20代の頃、私たちの痛みは、『女性／男性であること』にもまして『女性／男性であれないこと』の痛みだった。男だからリードしなければならない、弱音を吐いてはならないと言われ、稼得責任を負わされ人生の自由度を狭められること。女性だから、愛の美名のもとに無償労働を期待され、母・妻役割に閉じ込められて経済的自立から遠ざけられること。そうした先行世代の女性学や男性学が扱ってきた『女性／男性であること』の痛みは、まるで贅沢品のようだった。正社員として会社に縛り付けられることさえかなわず、結婚も出産も経験しないまま年齢を重ねていく自分というものは、『型にはまった男性／女性』でさえあれず、そのような自分を抱えて生きるしんどさは言葉にならず、言葉にならないものは誰とも共有できず、孤独はらせん状に深まった」

分かる、すごいすごい痛いほど分かる、と共感しつつ読みながら、あることに気づいた。それは私自身、フェミニズムやジェンダーの問題に30代後半になるまで「目覚めなかった」理由は、まさにここにあるのではないかという気づきだ。

女性ならではの生きづらさ云々の前に、「一人前」にさえなれない自分や周りの人々。だけど、「非正規じゃなく正社員にさせろ」「このままでは結婚、出産もできない」なんて主張をすると、「昭和の猛烈サラリーマンになりたいのか」「働く女性ではなく専業主婦になることを求めてるのか」「出産しても夫は長時間労働で孤独な育児に決まってるのに子どもを産みたいのか」なんて、少し上の世代から意地悪な質問をされた。そうじゃない。そうじゃないけど、でも「男なら、女ならこうあるべき」という規範は自分の中にもみんなの中にも強烈にあって、とにかくみんな「人並み」になろうともがいていて、「女らしさ」や「男らしさ」に文句を言う人は、貴戸さんが指摘するとおり、「贅沢」にしか見えなかった。

そんな貴戸さんと初めて会ったのは、もう10年以上前。

2007年頃のことだったと思う。当時すでに彼女は本を出していて、不登校問題などを専門とする若手の研究者として注目されていた。しかし、そんな中でも彼女がホステスなどのアルバイトをしていることを何かで読んで知り、驚いた記憶がある。

あれから、10年以上。彼女は今、関西学院大学の准教授となり、また三児の母になった。私はと言えば、10年前と比較して劇的な変化はない。当時と同じく物書きで活動家で、独り身で子ナシのまま40代なかばとなった。

中年になったからこそ、今、改めてロスジェネについて考えたい。そんなことを考えていた頃、冒頭に紹介した彼女の原稿を読んだ。

読んですぐ、猛烈に貴戸さんに会いたくなった。

私たちのこの二十数年って、いったいなんだったんだろう？　いまさら「人生再設計第一世代」とか言われてるけど、これから何かして何かを取り戻せるのだろうか？　というか、私たちは、いつ、何をどうすればよかったんだろう？　何が「正解」だったんだろう？

そんなことについて語りつつ、私たちが作り出していける「これから」についての展望を、一緒に模索してみたい。

出産から1か月とちょっとしか経っていない貴戸さんに会いに、関西まで行った。

対談　貴戸理恵×雨宮処凛

ロスジェネの苦悩

雨宮　『現代思想』２０１９年2月号の原稿を読んで、貴戸さんと話したい！と思い、対談を申し込みました。「いちばん働きたかったとき」から始まるあの文章には、涙腺が崩壊しました。

私は反貧困運動を始めたのが２００６年で、ロスジェネの状況をずっと現在進行形で見てきました。40代になる頃、「もう子ども産めないんだね」みたいな話になりだして、自分たちを「絶滅危惧種」なんて自称したりもしてました。頭では、そんな現実を分かってるつもりでした。それが、貴戸さんの原稿で初めて私たちの身に起きていたことが過去形で語られていて、取り返しのつかなさに改めて打ちのめされました。

そこから続く「女性／男性であれないこと」の痛みにも激しく共感しました。自分が30代なかばくらいまでフェミに関心がなかった理由が初めて分かった気がしました。「女の苦しみ」が、「贅沢品」のように思えたという指摘、本当に分かります。結婚して女の役割を押し付けられる女性、という枠から自分はこぼれ落ちているし、会社でバリバリ働きつつ妻子を養う重圧という「男であるがゆえの苦しみ」から、周りの同世代男性たちはほど遠い。ロスジェネは今までの女性学や男性学が通用しないところにいるんだなと、とても整理されました。

もうひとつ、貴戸さんと話したいと思ったのは、貴戸さんが不登校の当事者であり研究者であるということです。今でこそ引きこもりが40代、50代になっていることが問題視されていますが、ロスジェネは、学校に適応できなかったりそこで手酷く傷つけられたりという、生きづらさの問題が噴出した第一世代でもあると思います。

私が中学の頃はまだ「不登校」という言葉はなく「登校拒否」と言われていましたが、20

代になるとひきこもりやニートが問題となり、そこと一緒くたに「働く気のない若者」という文脈で雑にフリーター問題が語られて若者バッシングに結びつき、今、中年フリーター、中高年ひきこもり問題になっています。ロスジェネが年を重ねるごとに問題視される部分が変わったり名前や捉えられ方が変わっていって、だけどそれをひと繋がりのものとして見る視点があまりない。今日はそんなこともお話したいです。

貴戸　ありがとうございます。私は小学校時代に不登校をして、その後学校に戻り、大学卒業後に正社員で1年間働いた後、大学院に入り直しました。社会学やフェミニズムを学びながら、20代半ばから後半は一人で東京に暮らしながらさまざまなアルバイトをして過ごして、30歳の時に現在の職場である関西学院大学に就職しました。結果的に比較的早く安定した職に就いたので、恵まれていると思います。

でも、個人的に「一抜け」してもロスジェネの問題は終わらない。私は自分が経験したなかでも、不登校とロスジェネに関しては、どこか「問題に掴みかかられている」みたいな感覚があるんですね。「あのときの自分」や「同じ問題を抱え（させられ）た人たち」は、今も身近で分身のような存在です。同時に、引いた視点からは、個々の生に影響してくる社会構造の容赦なさが見える。言及してもらった文章は、私も書きながら泣いてました。

書いている時、念頭にあった女友達がいます。不安定だった20代の頃、近所に住んでいた人で、新卒で入った会社を辞めて留学したものの、帰国後は正社員の仕事がなくて派遣で働いていました。「ニート」という言葉が流行した２００４～２００５年頃のことです。

雨宮　まさにロスジェネの苦悩が…。

貴戸　はい。彼女はそんな時に妊娠して、相手の男性も正社員ではなかったんで、「今はとても産めない」と中絶を選択していました。その後、彼女は派遣を転々としながら経験を積んで、30代半ばになってから正社員として働き始めたんです。それから数年掛けて生活を安定させて、彼氏とも入籍して、不妊治療を始めて。でも、今度は年齢的なハードルもあってなかなか授からない。本当につらそうです。身体的・経済的な負担もそうですが、赤ん坊の感触を求めながら妊娠と流産を繰り返す痛みには独特のものがあります。傍で見ていて、「あの20代の時に今の職があれば」ってすごく思って。

雨宮　本当にそうですね…。

貴戸　合計特殊出生率は、２００５年に過去最低の１・26まで落ち込んで、その後２０１５年には１・45まで回復しています。２００５年ってちょうど今の40代が…。

雨宮　15年前だからロスジェネは30歳前後ですね。

貴戸　そう。一番「産み時」だった頃に、一番出生率が低かった。「子どもを持てば幸せ」というわけではないけど、持ちたい人が機会を奪われるのはおかしいです。取り返しの付く問題と付かない問題があって、時間は巻き戻せません。

雨宮　その話を聞いて、40代で婚活中の知人の女性を思い出しました。氷河期で就職が厳しい時代だったから必死で就活して正社員の座を掴んで、30歳まではもうとにかくしがみつくのに必死で、30をちょっと過ぎた辺りでリーマンショックが起きて。同世代の非正規の人がバンバン派遣切りにあって本当にホームレス化していくみたいななかで、より会社にしがみつかざるを得ない。そうして気付いたら40代で、「結婚してないの?」とか「子どもは?」って言われて慌てて婚活しても、婚活市場では「40代の女性はいらない」みたいな扱いを受けるって。だけど、人生のどのタイミングで結婚や出産を考えられたか、そんな余裕一瞬もなかったと。

貴戸　私は30代から40代にかけて子どもを3人産んでいます。でもそれはたまたま妊娠可能年齢に就職が間に合っただけ。

雨宮　ロスジェネ女性で3人産んでる人、なかなかいないですよね。

貴戸　大学で助教として働き始めた直後の、31歳の5月に最初の妊娠をしました。

雨宮　あ、そうなんだ。

貴戸　20代の頃は一番不安定だったし、「絶対妊娠しちゃいけない」という緊張があって、ずっとピル飲んでいました。就職していなければ、子どもは持てていなかった。実際に、そういう女性研究者はたくさんいます。男性は40過ぎても「若いヨメに産んでもらう」という選択肢があるのに、本当に不公平。

雨宮　本当ですね。ちなみに「妊娠したら人生アウト」っていうのは私もずっと思ってました。

だからフリーターの時、もし今、彼氏との間に子どもが出来ちゃったりしたら、虐待とかしてしまうんだろうなって、もうはっきり思ってました。虐待事件のニュースとか見てると、そこのアパートとか、自分の住んでたアパートに近いんですよね。都内で家賃6万円ぐらいだろうなって。ここで子どもがいたらこうなるんだろうなと。しかも、自分も当時の彼氏もフリーターみたいな。

不登校と格差論をめぐって

雨宮 ここで、貴戸さんに不登校時代から今に至るまでを振り返ってもらっていいですか。その経歴だけで、なぜ私が貴戸さんと対談したいと思ったか、読む人に伝わると思うので。

貴戸 私は1978年生まれで、父は鉄鋼会社の社員、母は子育て期は専業主婦でその後保育関係の仕事をしていました。母は生活クラブ生協で豚を一頭買いして社宅の奥さんたちと分け合ったり、若い頃に琵琶湖の環境汚染に取り組んでいたので、家でも絶対に界面活性剤の入った洗剤を使わなかったりする人でした。「公害企業に勤める旦那と環境運動する妻」という皮肉な取り合わせ。

雨宮 ああ、ある意味、昭和の象徴って感じもする。

貴戸 そんな両親のもとで、私は小学校に上がってすぐ不登校になったんですよ。ゴールデンウィーク明けぐらいから行き渋るようになって、夏休み明けたら全く行かなくなっちゃって。

何で行かなかったのかは、はっきりしません。いじめがあったとか勉強がついていけないとか、そういう問題はなかったんです。ただ、集団の中にいることに強烈な違和感があって、とにかく行きたくなかったです。学校では自分の世界が壊されてしまうような気がしていた。

雨宮 独特の一人の世界があったんですね。

貴戸 そうですね。両親は最初は「学校へ行かないなんて信じられない」という対応でした。当時は1980年代で、不登校数3～4万人の時代でしたし。定義が変わったし少子化しているので一概に比較はできませんが、2018年は16万人くらい。当時の文部省は、公式見解で「不登校は養育者の態度や子どもの性格が不登校を引き起こす」と言っていて、対応も「登校強制」が主流でした。布団を被って震えている子どもの布団を引きはがしてパジャマのままランドセルと一緒に校門の前に放り出す、というような対応が普通におこなわれていました。

そういうなかで、うちの母親は割合早いうちに「不登校の親の会」に参加して、「不登校の子どもを認めよう」という方向転換をしたんです。当時は「体罰や厳しい校則がある学校から自由になりたい」という管理教育批判の文脈があって、不登校の子どもを受け入れようとした親たちもそれをベースにしながら、女性運動や環境運動、障害者運動なんかとゆるくつながっていました。そういう思想的なつながりを持って活動していた「市民」みたいな人がけっこう周りにいた。

雨宮 それは主婦の人が多かった感じでしょうか？

貴戸 多かったと思いますね。脱サラしたおじさんとかもいましたけど。

雨宮 専業主婦でいられる社会だったから、そういう女性たちの運動が成立したのかなっていう気もしますね。

貴戸 それはあったと思います。上野千鶴子さんが言う「女縁社会」の担い手たちとも重なるかもしれません。うちの母親も「今の社会や教育はおかしい。そのおかしい学校に馴染めないあんたは間違ってない」と言っていました。

雨宮 ああ、よかった。

貴戸 でも後から考えると、それは現象の半分しか見ていない言い方だったのですが。

1990年代に入ると、「不登校でも社会に出て行けるから大丈夫」という当事者やフリースクール関係者の語りが出版されるようになります。文部省も90年代前半には「不登校はどの子にも起こりうる問題」と認識転換して、「登校強制」から「見守る」へと対応を変えます。

私は中学からは学校に行くようになりました。親は不登校を認めてくれたけど、何となく、社会からの無言の重圧みたいなものを感じていたんでしょうね。大学に入ったのは1997年です。

雨宮 ああ。

貴戸　アジア通貨危機が起きて、山一証券とか拓銀が潰れた頃で、一つ上の2000年卒の人達が就職活動ですごく苦労していて、私達の代も就活はすごく悪くて。佐藤俊樹さんの『不平等社会日本』（中公新書、2000年）とか、苅谷剛彦さんの『階層化日本と教育危機』（有信堂高文社、2001年）とか、格差・不平等論が出始めた頃でした。大学院に入って「当事者にとっての不登校経験の意味」について研究していた時に、ちょうどそういう文献に触れました。そうすると「不登校でも社会に出ていける。だから不登校を肯定する」という言い方で本当に当事者が救われるのか、疑問になってきました。

雨宮　景気が悪くなると途端に話が違ってきますよね。

貴戸　はい。大卒でも就職に苦労するのに、不登校だったらなおさら社会に出て行きにくい現実は当然あるわけで。2000年代に入ると、文部科学省も「不登校は進路の問題」という位置づけをするようになりました。

でもね、私はそこで「だから学校には行くべき」っていうふうにはしたくなかったんです。「社会に出ていけるから不登校でもOK」とか、「社会に出ていけなくなるから不登校はダメ」というのではなくて、「社会に出ていけない・いかないかもしれないけど、とにかく不登校は受け止められるべきだ」と研究を通じて言いたかった。そういうことを大学院ではやってました。

雨宮　大学を出たのが2001年？

貴戸　はい。卒業したあと大学の事務員を1年間だけ。でも私、事務仕事ができなくて、１年で辞めて、２００２年に大学院の修士課程に入りました。

雨宮　大学院には何歳まで？

貴戸　院にいたのは就職する２００９年の30歳までです。２００４年に修士論文が本（『不登校は終わらない「選択」の物語から〝当事者〟の語りへ』新曜社）になったんですけど、だからといってすぐに就職できるわけじゃない。大学院の７年間ぐらいは、ずっとアルバイト生活。主にホステスで食いつないでいました。

雨宮　そうでしたね。

貴戸　最初は親元にいたんですけど、２歳年下の妹が、割と早くに結婚して、私が博士課程に入るのを決めた年に彼女は24歳で出産して。実家の近くで母親になった妹を見てるのが辛かったんですよね。自分の先行きの不透明さと不安定さを見せつけられるようで。それで実家を出て、奨学金を借りて一人暮らしをしながら、バイトしつつ論文書いていました。国立大学の学費は毎年上がっていくし、奨学金は利子付きのものが増えていって、ちょうど私の代から研究者として就職しても返済が免除されなくなりました。

不安定でしたね。「貧乏でもいい、好きなものを書いていられれば」という思いでやっていたけど、食えなくて。30歳までバイト生活で、大学時代の友達はとっくに就職して結婚して旦那も大企業のサラリーマンや公務員、妹は堅実に母親をやっているのに私は何してるんだろうって、言葉には出せなかったけどいつも不安でした。学振（日本学術振興会）の研究員の応募に落とされるたびに店のカラオケで発散してました。

雨宮 じゃあ、アルバイトは、ここに助教としての就職が決まるまで。

貴戸 そうです。ここに就職する1週間前まで。

雨宮 えーすごい！ でも水商売だと30近くなってくると、危機感が募ってくるじゃないですか。私も水商売バイト経験があるので。

貴戸 それ、キャバクラでしたよね。

雨宮 はい。

貴戸 キャバクラは私行ったことがなくて。結構、年齢層が高い所でばかりやっていたので。赤坂のクラブとか、下北沢のスナックとか。

雨宮 そうなんですね。キャバクラだと、私は24歳までやってたんですが、24歳で高齢者扱いでした。

でも、水商売バイトしながらとは、研究者の道も棘の道ですね。

貴戸 そうですね。私はたまたま就職があったけど、今も私などより遥かに優秀な人たちがたくさん非常勤の掛け持ちで暮らしています。私、最終的に奨学金の借金が800万円くらいあったんです。就職できたから返していけているけど、もし就職がなかったらと思うと…。奨学金破産の話も人ごとじゃない。

ポスドクの貧困問題

雨宮　この前、NHKの「事件の涙」という番組で、九州大学の研究棟で亡くなった46歳の非常勤講師のことをやっていました。2018年8月の事件ですが、亡くなった男性は研究室に火を放って自殺したとみられています。背景には経済的困窮があったようで、もともと九州大学の博士課程まで進んで研究者を目指していたものの、博士論文を書き上げることができず37歳で退学していたそうなんですね。それで非常勤講師をしながら学問の道にこだわり続けて、でもそれだけじゃ生活できずに肉体労働のアルバイトもしていたようです。

彼は「院生長屋」と呼ばれる研究棟を退学後も使用していたそうなんですが、そこが取り壊されることになって、取り壊しが始まる矢先に放火して自らも死んでしまった（NHK NEWS WEB「九州大学　ある〝研究者〟の死を追って」https://www3.nhk.or.jp/news/html/20190118/k10011781811000.html）。46歳。ロスジェネの一人ですね。

貴戸　痛ましいですね。最近になって朝日新聞が大きく取り上げていましたが、江戸仏教の女性研究者で、2016年に43歳で自死された方もいました（「気鋭の研究者、努力の果てに　ある女性の死」2019年4月18日　朝日新聞デジタル）。彼女もロスジェネです。

雨宮　ありましたね。研究者としてなかなか食べていくことができなくて、婚活もして結婚したと。

貴戸　でも結局うまくいかなくて、メンタルを病んでしまって、ということでしたね。彼女、すごい優秀だったんですよ。

雨宮　え、知り合いなんですか?

貴戸　知り合いじゃないんですけど、新聞報道を見ただけで明らかにその分野の若手のトップだと専門外でも分かります。学振の特別研究員に選ばれて、単著が賞を取って。「年間論文2本、学会発表4本」というノルマを自分に課していたというから、質・量ともに業績は申し分なかったはずです。なぜ就職が決まらないかというと、大学の中にポストがないという、それだけなんですよね。

雨宮　アカデミックなところが、そんな博打人生だなんて…。博士課程を修了しても大学教員なんかの職を得られず非常勤講師やコンビニバイトなどで食いつなぐしかないポスドク（ポストドクター）問題ですが、これも国策の失敗がロスジェネを直撃したようなものですよね。国が「大学院重点化政策」のもとに1991年、10年間で大学院の規模を2倍にする方針を出して、大学院に行く人は2倍に増えたものの、大学教員のポストは増えないので、博士課程を修了しても行き場がない高学歴ワーキングプアが大量に生み出され続けるという。

貴戸　若手の求人は任期付きが多くて、任期が切れるまでに業績を上げて次の就職を見つけないと、無職になってしまう。長期的に、じっくり問題意識に向き合うような研究がしにくくなります。

文系の学問では、研究者自身を含む社会に共有された価値が、いかに「絶対」でも「普遍」でもないかを明らかにすることに大きなエネルギーを使います。でも、キャリアの不安定さに耐えながら次々に成果を出していくとなると、自分がやっていることを省みたりはせず、ひたすら前を向く態度が要求されてくる。

自分の足下を問い直すことなく「この社会で前提とされている価値を問い直す」なんて、無理なはずじゃないですか。でも食えないのは困るし…。すごく矛盾を感じます。

生きづらさと当事者研究

貴戸　話は変わりますが、私は雨宮さんに勝手に親近感を抱いていました。雨宮さんは、上野千鶴子さんとの対談本（『世代の痛み』中公新書ラクレ）で「左翼言説は救ってくれなかった」と言っていますね。私はさっき言ったみたいに、子どもの頃に不登校運動やフェミニズムの言説の影響を受けて育っていて、それはよかったんですけど、でも2000年代以降、大人になってから直面した状況は、不登校運動やフェミニズムの言葉では捉えられないものでした。「女性でも能力を発揮して自由に活躍できる」と言われたって、バイト生活の私はぜんぜん救われない。「不登校でも社会に出ていける」と言ったとたんに、不登校のあとひきこもっていかざるを得なかった人たちを切り捨ててしまう。

雨宮　ですよね。無視することになりますよね。

貴戸　「学校に行く・行かないは選択の問題だ。行かない人生を選んでもいいんだ」って言った瞬間に、「じゃあ、行かない人生を選んだ結果、職のないお前は自己責任ね」というふうに個人の問題になってしまうから。だから私の最初の本は、かつて自分を守ってくれた左翼言説を批判的に乗り越えようとするものだったんですね。今思えば、盾になってくれた先人を背中から撃ったようなところがあって、若くて残酷だった。

雨宮　でも、現実とそぐわなくなっている言説は、制度疲労を起こしているようなものだから、それは言わないとですよね。

私も身近な人たちの問題として不登校とか引きこもりとかいろいろ見ていたうえで2000年代に非正規問題に目が向いたんですけど、やっぱり一連の繋がりとして見えました。非正規でホームレスになっちゃったっていう人の話を聞いてると、学校でいじめられて、逃げるように不登校になって、そうなると低学歴になって非正規しか職がなくて、それでバイト先でもまたいじめられる。だから正社員なんて絶対無理、固定化した人間関係がある学校のような場所での仕事は絶対できないって人もいた。そういう中には、日雇いの仕事なんかは人間関係がないからいい、という人もいた。

あと、リーマンショックが起きた時に、引きこもりの人とメール交換してたら、「引きこもってよかった」と言っていました。何でかと言うと、「リーマンショックであんだけ若い人たちもホームレス化するのを見て、引きこもりの方が生存確率が高いということが分かりました」と。

その人は頑張って脱引きこもりしようとしたこともあったらしいんです。その時に思いついたのが、製造業派遣。実家を出て、派遣会社の寮に入って働こうと。リーマンショック以降、ホームレスを多く生み出した働き方です。結局やらなかったんですが、もしそれをやっていたら逆に今頃ホームレスになっていただろうと。下手に社会に出ようと頑張った方がホームレスになると。

あと、働くことによって、給料未払いだったり、ひどい働き方をさせられたり、人間不信がひどくなったという人もいるから、ずっと引きこもってた自分は正解だったって言われて、そのとおりだなっていうか。

貴戸 いやもう、本当に。

雨宮 何も言い返せない。「自分のような不登校、引きこもりで職歴なしの中卒の、30後半になった男が社会に出て行って何かいいことがありますか?」って聞かれたら、今の状況じゃあ、あると思えないんですよね。だって、「就労自立」ってまず言われるわけだし、そこで誰が雇うのかって言ったら、本当に難しい。下手に脱出しようとあがいたら、自立を謳った劣悪な施設や脱ひきこもりビジネスなんかのカモにされそうだし。だから、彼の言うことに一つも反論できなかった。

貴戸　出て行く先の社会の在り方を問わずに、社会参加とか社会復帰支援とか言っても全く意味がないですよね。職場や社会が壊れているなかで復帰にむけて押し出すと、さらに傷ついて、もっとこじれた状態で戻って来ざるを得なくなって、働きたいと思えなくなっている人もすごく多い。

私は今、大阪のＮＰＯ法人がやっている「なるにわ」という若者の居場所に併設された「生きづらさからの当事者研究会」（http://foro.jp/narnywa/dzuraken/）というところにコーディネーターとして関わっています。通称、「づら研」です（笑）。そこは主に、20代から40代ぐらいまでの不登校やひきこもりを経験したり、そうでなくても何らかの生きづらさを抱えた人たちが、月一で10～20人ぐらい集まって来てて。

雨宮　へぇ！

貴戸　支援者や支援機関に傷つけられたという話はよく聞きます。そうでなくても、上から目線の「支援臭」が鼻につくとか。

雨宮　ああ、分かる気が。

貴戸　「自分の尊厳が壊されるような社会には出て行かないことが正解」って、それは目の前の選択としてはそのとおりで、反論の余地がないですよね。「働くイコール自分が壊れる」みたいな経験をすると、ゼロじゃなくマイナススタートになっちゃってもっと大変になる。づら研では支援とかはせずに、テーマを決めて話すだけ。だから支援者も被支援者もいないし、支援の「成功例」も「失敗例」もありません。

雨宮　素晴らしいですね。

貴戸　この間のテーマは、「聞く耳」の研究でした。語れるのは聞いてくれる人がいるからだけど、じゃあ聞く耳を持つってどういうこと?とか。他にも最近では「関係ができかけると断ち切ってしまう問題」なんていうのもありました。ちょっと親しくなって関係が深まっていくと、怖くなって自分から切っちゃう感じってありますよね。

雨宮　分かります!

貴戸　緩やかにテーマを設定して、4時間ぐらい延々と話すっていうのをやってて。

雨宮　面白そうですね、それは。

貴戸　支援に直結するわけではないけど、「自分はこういう状態にあるんだ」って人と共有しながらを分かっていくことで、いざ支援を受ける場面でも「一方的に支援される」ではなく「支援を利用する」という姿勢が取りやすくなります。そうすると、支援に「何もかも解決してくれる」というような大きな期待を持たなくて済むし、「何か違う」って思いながら引きずられて傷つくことも減っていくかもしれない。そういうことを今はやっていますね。

ロスジェネが奪われたものと「負けたら死ぬ」感

雨宮　今の聞いてて思い出したんですけど、50代以上のホームレスの人って、働いていい思いしてるから、「とにかく仕事をくれ」「働きたいんだ」って言うことが多いんですよね。だから生活保護の話をしても、「そんなの嫌だ。そんなことより仕事をくれ」となる。

貴戸　なるほど。

雨宮　働いたらお金がもらえて承認も得られていいことがある。おいしいものを食べたり、お酒が飲めたりと経験で知っている。すごく働くことに意欲があって、プラスに捉えていることがすごいなと思って。

それが同世代やそれ以下だと、もう働くことでほんとに傷つけられている。働くうえで一度もいい思いをしたことがない。賃金は安いし、交通費も出ない、それで罵声を浴びせられるとか。もしくは働いたことによってさっきの話みたいに派遣切りを食らってホームレスになったとか。だから下手に働いたら大変なことになるっていうような感覚。その世代のギャップがものすごく大きいなと思って、そこをどう埋めていくか。働く気がない、意欲がないって言われがちだけど、何で意欲がないのか、何で意欲が奪われたのかを見ていくとこからなのかなって。

貴戸　本当にそうですね。どうして意欲が持てないくらい労働の経験がネガティブなものになっちゃってるかっていうと、雇用保障・給与保障があって家族を養える仕事に就きにくくなったっていう「構造の問題」と、個々の職場がギスギスして人間関係が荒んでいるという「場の問題」とがあると思います。後者は正社員であっても降りかかってくる。

労働相談でもハラスメント相談が増えていると聞きますね。ちょっと仕事ができないとか、周りと違うオーラを発している人がハラスメントに遭ってしまうような状況があって、とても生きづらいです。

競争に勝ち抜いて正社員をやっている人も、常に勝ち続けなくては生き残れないから、弱さやできなさを見せられないんです。

雨宮　だから過剰にマウンティングしたり、攻撃性が強かったり、それってロスジェネあるあるですね。

貴戸　そういうのもあるし、なんかね、私はつい産休を取る時に謝っちゃう。「使えない私がお給料もらってすみません」みたいな。どこかでそういうメンタリティを内面化しちゃってるんですよ。「これは私の権利なんだから当然でしょ」というふうには、心の底からは思えてないんですよね。

雨宮　分かります！　もう仕事がもらえるだけありがたい、奴隷根性みたいな。それって死ぬまである気がする。2019年4月、『わたし、定時で帰ります。』というドラマが放送されたじゃないですか。原作の朱野帰子さん、彼女もロスジェネだと思うのですが、彼女がインタビューで、ゆとり世代の編集者に「なぜあなた方の世代は命を削ってまで働くのか」と言われたことを話していました。それが原作を書くきっかけになったそうです。それを読んで、ちょっと下の世代から見ても私たちは異常なのかと驚きました。ロスジェネの人って恐怖心があるから、倒れるまで働かなくちゃっていう崖っぷち感、すごいありますよね。

共働き子育てという無理ゲー

貴戸　あります。今の子育て世代には、企業戦士のロスジェネ夫婦がけっこういるような気がします。私は２０１４年から２０１６年までオーストラリアに留学していて、帰国後に３歳だった息子が保育園に入れなかったので、実家の母に来てもらって幼稚園に入れたんです。だから、息子関係のママ友はほとんど専業主婦なんですね。彼女たちの夫は、子育てに関わりたいという気持ちはあるけど、基本的にめちゃ働いているから、奥さんがほとんどワンオペ育児状態になってる。育児を理由に仕事を休むことは、私の夫も含めて、なかなかできません。普段一人で子どもを育てるのは本当に大変で、孤独ですよ。

雨宮　貴戸さんの場合は、お母さんが横浜から大阪に来たんですね。

貴戸　そうです。今も同居してます。

雨宮　子育てのために？　じゃあ、貴戸さんのお父さんは？
貴戸　父は亡くなっていて。
雨宮　あ、そうか。よく分かるっていうか、親がいなきゃ絶対に働きながら子どもを育てられるはずない問題というのが。
貴戸　そう、まわんない。
雨宮　もし、お父さんが病気とかでお母さんはずっとそっちに付きっきりっていう状況だったら、今、どうしていたでしょうね。
貴戸　いろんな意味ですごく難しい状況だったと思います。ジャーナリストの中野円佳さんが『なぜ共働きも専業もしんどいのか』（PHP新書、2019年）のなかで「専業主婦がいないとまわらない構造」って言ってますけど、もともと無理ゲー（難易度が高すぎて、クリアするのが無理なゲーム）なんで。めっちゃ無理して短期的には何とかなったとしても、どこかにひずみが出るし、持続可能じゃないです。
　オーストラリアに行く前は夫と私で保育園を活用しながら育ててました。で、二人目が生まれた時、うちの夫は仕事を辞めて専業主夫みたいな感じになったんですが、そうしたら関係がちょっと不安定になっちゃって。今平和なのは、とりあえず家に大人が3人いるから、家事・育児・仕事の一人あたりの量が減って、余裕があることが大きいです。
雨宮　そうでしょうね。タレントの小島慶子さんが、夫が仕事を辞めて自分が稼ぎ手になって初めて、新橋のおじさんたちの辛さが分かったって書いてましたね。

貴戸　分かります。専業主婦のママ友の話を聞いてまず純粋に思ったのは、「この人達の旦那ってすごいな」って。奥さん専業主婦で、子どもを育てて。しかもみんないっぱい習い事してて、私立の受験とかも考えてる。

雨宮　何者なんですかね。いい企業のサラリーマンとか？

貴戸　まぁそうですね、あと専門職。でも、それでもやっぱ余裕ではないと思うんですよ。慶応大学教授の小熊英二さんが後藤道夫さんの研究を引用して書いていますが、都市部では子ども二人を大学に行かせると、年収６００万円でも税金・保険料・教育費を差し引いた生活費が生活保護水準を下回るって（朝日新聞デジタル２０１６年10月27日 https://digital.asahi.com/articles/DA3S12628044.html? iref=pc_ss_date）。

雨宮　ですよね。

貴戸　私のパートナーは、今はフルタイムで働いていますが、上の子どもたちが小さかった頃は育児専業だったり非正規雇用だったりで、私が一家の大黒柱みたいな状態になっていて。だからママ友の旦那の方にシンクロしちゃうところはあります。

出産しようと思える条件とは

雨宮 先ほど、就職が決まってすぐ出産されたっていう話がありましたけど、この大学に職が決まってなかったら子ども産んでたと思いますか。

貴戸 産んでなかったと思います。というか決まっていなかったら、今のパートナーを選べなかったですね。彼も学校にあんまり適応しなくて、高校に行かずに大検で大学に行って、普通に就職はしなかった人なので。

雨宮 31歳で第一子出産ということは、上の子の歳は？

貴戸 小学校4年生。

雨宮 すごいですね。えー、10年以上前から知ってる貴戸さんが、今小学4年生の母！　というか、同世代女性で子どもがいる人ほとんど周りにいないから、いろいろ聞いてみたい！

貴戸 さっきも言ったように、第一子の時は就職した直後に妊娠が分かって。こちらは「採用していただいた」というロスジェネ根性を内面化してますから、「まずいことになった」という、顔に縦線入ったような状態で大学に報告したら、当時の学部長がたいへん穏やかな人格者で「心配しないで大丈夫ですよ」って。

雨宮 素晴らしい。今の日本でそんな職場はなかなかないですよね。

貴戸　データとかないんですけど、フルタイム勤務を継続してて3人子どもを産んでる女性は、公務員と教師が多いと思う。そういう意味では大学なので、男女平等という建前がきちんとあるところに救われてきました。

就職が決まるまでは、非常勤で1年雇用で教えてたんです。授業の準備するにしても来年もこの授業持てるか分かんないっていうなかでやってるじゃないですか。それで夜は働いて、酒飲むバイトだし。

雨宮　ホステスをやりながら、非常勤講師もやってたんですね。

貴戸　そうです。来年も同じ授業のコンテンツが使えるか分からないから、レジュメの誤字脱字もあったし、改善する気持ちも持てないんですよね。バイトとの二重生活で時間もないし。でも就職が決まったら、来年も同じ授業が持てる。見通しを持ちながら授業の準備ができるっていうことがすごい嬉しくって。仕事が積み上がっていくってこういうことなんだと思って。

雨宮　それ皆、一番欲しいものですよね。

貴戸　最初の子どもの時は、産後休暇が8週取れるところを6週で復帰したりしてました。「早く復帰して給料分の貢献をしないと」みたいなプレッシャーを勝手に感じてたのもあるけど、ステップアップしていく喜びもあって、今休みたくないっていう気持ちが当時はすごいありましたね。あと、いちいち感動する。労働組合に入れるとか、研修をやってもらえるとか。

雨宮　非常勤講師の時は全然そういうのなかったんですか？

貴戸　ないですね。教育合同労働組合みたいに雇用形態にかかわらず一人から入れる組合もあるけど、当時は知らないですし。

雨宮　非常勤の時と比べたらお給料とかの差は。

貴戸　もう全然違いますね。だって非常勤だと一コマ90分教えて月に4万円もらえればいい方ですよ。準備に時間取られるうえに、研究費も出ないから本代も調査費も自腹だし。

雨宮　それは大変いい。ちなみに、さっき言ってた大学の留学というのは、どういう枠？

貴戸　大学に若手教員のための留学制度があって、2年出してもらいました。

雨宮　めっちゃいいですね。費用とか全部負担してくれるんですか？

貴戸　全部ではないですけど、留学費とお給料をもらいながら籍も確保してオーストラリアに行ける。

雨宮　ものすごく基本的なことですが、正規の大学教員になったということは、雇用の定めはないわけですよね。

貴戸　そうですね。

雨宮　それってすごいことですよね！　普通にいけば定年まで働ける、自分が違うとこに行くって言わない限りいられるってことなんですか？

貴戸　そうです。

雨宮　辞めさせられることがないんですよね。

貴戸　よっぽどひどい研究不正やハラスメントなどをしなければ。

雨宮　それすごい！　なんかすごい！　それは子ども産むわって、今思いました！　えー、私も、そういう安定を一回得てみたい‼　今すごく心から思った。だって来年どうするかとか何にも決まってないから。そうか。だから私は先のこと考えられないのか。今、改めて思った、びっくりした。

貴戸　本当に二つの世界があるんですよ。明らかに。その二つを隔てるのは、個人の能力でも努力でもなくて、運が大きいんです。理不尽だと思います。私はこの職が決まった時に、前まで いた世界を絶対忘れたらいけないなと思って、これ忘れてしまったら、書くものがクソになるなと。でも、正社員の世界にどっぷり浸かっているとやっぱり見えなくなって…。

雨宮　なんか今、すごい衝撃です。そうか、貴戸さんは失業の心配しなくていいんだ、ずっと働けるって、こんなにいいことなんだ、と。親世代が子ども産んだり家建てたり保険に入ったりした理由が分かりました。そりゃ、終身雇用だったら誰だってそうするわ、と。見通しがあったからですよね。そのうえ私たちが生まれた頃って経済が上向いていて、ある程度、目途が付いたわけですよね。10年後はこうなってるとか。

でも今周りを見渡すと、私も含め、常に仕事をなくす恐怖に怯えている。フリーランスの私はひとつの仕事を終えるごとに、例えば、この本を書き上げた瞬間に失業するようなものだし、非正規の人は常に雇い止めに怯えている。貴戸さんの安定雇用の話を聞いたら、いかに自分も含めて同世代の人が全然望んでないのに変に刹那的な中で生きざるを得ないか、痛感しました。

自分自身、1年後とか10年後とか、20歳ぐらいから何も考えられなかったんですね。それはフリーターだったからなんですが、25歳で脱フリーターして、フリーターより不安定なフリーランスの物書きという生活が40代なかばになっても続いている…。

そう考えると、ある程度どういう仕事でも、って言うとすごい雑ですけど、どういう職種であっても「あなたはここで一生雇ってあげますよ」ってなった瞬間、日本社会は根底から変わるでしょうね。車を買ったり家を買ったり子どもも産んだり。本当に細切れ雇用というのがいかに社会をボロボロにしているのかって、改めて思いますね。

「なぜ産まないのか」への回答

貴戸　上野千鶴子さんと雨宮さんの対談本『世代の痛み　団塊ジュニアから団塊への質問状』（中公新書ラクレ、2017年）で、上野さんが雨宮さんに、「団塊ジュニアは貧しいから子どもを産めないと言うけど、日本が絶対的に貧しかった敗戦後の焼け跡で男女はバンバンつがって産んでたのよ」と言うじゃないですか（100頁）。

雨宮　はい。

貴戸　よく考えてみれば、できないことはないと思うんですよ。私の知人夫婦は、アルバイトや執筆業とＮＰＯ勤務を掛け持ちしながら、子どもを大学に行かせようとしています。だから、しようと思ったら方法はある。でも、そうできない何かがあると思うんですよ。

雨宮　なぜ、戦後の貧しい中で当時の日本人は子どもをたくさん産んでたのに、ロスジェネは子どもを産まないのかという上野さんの問いへの答えは、ずっと考えています。まだ明確な答えが出ていないんですが、でも、うっかり妊娠なんか絶対できない、結婚とか妊娠なんてそもそも「する資格がない」と思っていたところが私にはずっとあります。

私の友人の岩淵弘樹という映画監督が、『遭難フリーター』というドキュメンタリー映画を10年くらい前に作りました。彼は当時、キャノンの派遣社員をしていて、その自分の日常を映画にしたんです。映画の中で同僚にカメラを向けるんですが、その中に一人結婚している若い男性がいました。その人がインタビュー中、つい口を滑らせて、自分は結婚しているっていうこと言っちゃうんです。その時にハッと口を押えて、誰にも聞かれていないよな、みたいな感じになるんですね。それを見た瞬間、ものすごく胸が痛みました。その人は「結婚してるなんて、とてもじゃないけど言えない。派遣のくせにって言われるから」と言って、それを聞いた時、ショックを受けつつ、でも、「これだな」と思いました。

私たちが結婚や出産に前向きになれないのは、「お前ら、そんな貧乏なのに結婚なんかしやがるの」みたいな、そういうことを誰かに言われるんじゃないかと常に怯えているからじゃないかと思います。「貧乏なくせに子どもを産むなんて」とか、何かあったら絶対言われる。「だから虐待するんだ」ぐらい言われかねないっていう、なんかそういう確信があるんです。絶対傷つけられる。怒られて責められる。

だって非正規で、誰かがしなきゃいけない仕事を低賃金に耐えてやってるのに、どれほど社会に「いつまでそんな仕事してるんだ」と傷つけられてきたか。仮に親に「フリーター同士だけど子どもできたから結婚したい」とか20代の頃に言ったりしたら、激怒されたと思います。絶対に、親も親戚も世間も呆れ果てる。「何をバカなこと言ってるんだ！」となじられて終わり。

好きで不安定雇用なわけじゃないのに、ロスジェネは怒られすぎている。だから絶対誰も祝ってくれない、逆に説教されて怒られると思っている。私はそうでした。

貴戸　さっきの問いの答えの一つはそれだと思います。「不遇は自己責任だ」という社会のなかで根深く傷つけられていて、自尊心がすり減っているから結婚や出産に希望を持てない。もしくは、人生がリスクに満ちているなかで、子どもを持たないことが、かろうじて自分でコントロールできるリスク回避の方法になっている。

もう一つは、相対的剥奪っていうか。皆が貧しい中で子どもを産んでいる状況とは、現代は違うと思うんですよ。恵まれていれば小さい時からいろんな習い事をさせて、塾に行かせて、お金をかけて芸術や異文化に触れさせて、という世界があって、でもそうじゃないと、習い事にも塾にも行けず。で、習い事をしてないと放課後に遊ぶお友達がいない。だから一人でポツンと公園にいるみたいな状態になっちゃうんですよね。空き地に行けば皆が群れてるような状態と、〇〇ちゃんは今日塾があって遊べない、〇〇ちゃんはスイミングスクールで遊べないみたいな状況で、自分だけ毎日公園にいるのと、全然違うと思うんですね。

どんな妊娠生活を送るか、産後どんなサポートが受けられるかという段階からもう、様々な子育ての格差が始まってしまう。皆が同じような状態で子育てしていれば貧しくても産めるかもしれないけれども、決してそうではないことが大きいと思いますね。

雨宮　そうですね。2018年、ネットカフェで出産した20代女性が赤ちゃんを殺しちゃったって事件がありましたけど、遺体を近くの歌舞伎町のコインロッカーに入れてて、それで死体遺棄で逮捕されたんですね。その女性が出産したネットカフェの同じビルには、望まない妊娠、出産の相談に乗る窓口があったと聞いて言葉を失いました。

貴戸　痛ましいですね。

雨宮　少し上の階には、まさに彼女を支援してくれるような窓口があったのに、おそらく気づかなかったんでしょうね。誰かが相談に乗ってくれるなんて、きっと想像もしてなかった。しかも、彼女はそのネットカフェに一年間住んでいたそうです。それでも、見えない。なんかすごい象徴的だなと思いましたね。

貴戸　届かない、見えない。分断されていて孤独だということですね。

孤立する母親

雨宮　その一方で、ロスジェネの勝ち組に見える「結婚、出産した女性の孤独」問題もあるわけですよね。

貴戸　母親の孤立が深まっているというデータがあります。１９８０年と２００３年で子育て環境がどう変わったかを調べた調査によれば、自分が子どもを産む前に、小さな子どものオムツ替えや食べさせるなどの育児をした経験がない母親の割合が、40・７％から54・５％に増えています。また、子どもが生後４か月の時に「近所に世間話をしたり、赤ちゃんの話をしたりする人がまったくいない」と答える母親が、15・５％から32％に増えています（原田正文『子育ての変貌と次世代育成支援』名古屋大学出版会、２００６年）。

何だかんだ言っても私の母親の世代は、確かにお父さんは猛烈サラリーマンで、毎日午前様みたいな状況だったけど、社宅とかに住んでいれば誰かの家に集まってご飯食べたり、子どもも多かったし地域での繋がりがあった。でも、この30年のうちに地域の繋がりは薄れてしまって、親族やいとこもすごい減っているので、自分の子どものおむつを替える前に小さい子のおむつを替えた経験のある人が減ったというのは、そうだろうなと思います。

雨宮　私、全く経験ないです。

貴戸　大体どのぐらいの月齢の赤ちゃんが、何をしたらNGなのかとか、身近にいなければ何も分かんないんですよね。

雨宮　どのぐらいの大きさで何か月とか、1歳、2歳とか、それも全然分かんないですよ。

貴戸　授乳の間隔ってどのくらいなのかとかね、もうなんにも分からないなかで、医者から言われたこととか、ネットで調べたことだけで育児しなきゃいけなくて、産んだ後ってすごい孤独ですよね。

まず外に出られないですから。赤ちゃんが生まれて1、2か月は基本的にずっと家の中にいて、外食どころかコンビニにも行きにくい。妻が赤ん坊とべったり家にいる状態で、夫は長時間外で働いているわけですよね。帰ってきても、夫の方も壮絶な職場で疲れているので、なかなか妻の話も聞いてあげられないし、むしろ今までどおり妻に癒やしてほしい。

「産後クライシス」という言葉が、2012年にNHKの「あさイチ」という番組が取り上げて出てきますけど、初めて子どもを持った夫婦に妊娠期から生まれた後にかけて調査すると、妊娠中は妻も夫も74・3％が「配偶者といると本当に愛していると実感する」と答えるんですよね。でも産後、夫に愛情を感じる妻は45・5％にまで激減してしまう。夫の方が減り方は少なくて63・9％ですけど。

「男女平等」って教えられて、産むまではそこそこ平等に過ごしてきたような思いがあっても、子どもを産んだとたんに男女の落差に気づかされるんです。産むことで、女性は「人生で何を大事にして生きるか」っていうところで、根本的な価値の転換を迫られるから。今まで大事にしていたものを優先できなくなって、友達とも遊べなくなるし、働き方も変えざるを得なくなって、そりゃ赤ちゃんは可愛いし何ものにも代えがたく大事で、新しく得るものもあるんだけど、それはもう、自分が自分じゃなくなるような劇的な変化ですよね。夫とも分かち合えない、孤独な変化。

上の世代の子育て経験者がそばにいればいいですけど、いないことも多いし、いたらいたで母親や姑ってストレスになる話もよく聞きます。孤独だけど、皆やってきたことだから苦しいって言えないみたいな。

雨宮 今の子育ての孤独の深さは、今までの時代とは全然違うと思います。2019年6月、仙台で2歳の女の子が3日間置き去りにされて低体温症で亡くなってしまったという事件がありましたよね。母親はその子と二人暮らしで、海苔巻き一本置いて出かけていた。背景などは詳しく分かりませんが、あれを見た時に思い出したのは、大阪でマンションに置き去りにされた1歳と3歳の子どもが餓死した事件です。

貴戸 風俗店で働いてた若い女性でしたね。杉山春さんの本（『ルポ虐待：大阪二児置き去り死事件』ちくま新書、2013年）を読みましたが、子どもを見捨てる前に母親が、あらゆるものから見放されている。

雨宮　そうですよね。離婚して2人の子どもを抱えてキャバクラや風俗で働く母親、下村早苗を誰も助けなかった。彼女は父親に育てられたんですが、父親は高校のラグビーの有名監督。厳しい人だったようで、彼女が離婚後、インフルエンザにかかり、子どもの面倒を見て欲しいと助けを求めたんですが、仕事が忙しいと断るんです。そのことに対して、のちに父親は甘やかさないためにそうしたみたいなことを言ってるんですね。でも、インフルエンザなんて、精神論じゃどうにもならない。それが熱血監督である父親には伝わらない。

貴戸　杉山さんのルポで印象的だったのが、彼女が、まだ立てない下の子と2歳くらいの上の子をひとりでお風呂に入れた時の証言。「一番最初につらいと思ったのは、二人をお風呂に入れたときでした。…環（下の子）は立てないし、あおい（上の子）はしっかりしていないし。ものすごく大変でした」（前掲書、202頁）と言っています。彼女を責める人は自分がやってみればいいと思った。それは、大変なんですよ。

雨宮　目を離したら溺れちゃうし。

貴戸　そう、誰をいつ、どのタイミングで洗ってやって、拭いてやって、自分も洗って出て、その後服を着せて、おむつをして…。そういう一つひとつの日常の、積み重ねで疲弊していって、現実をシャットアウトしてしまうとしたら、理解可能です。

雨宮　彼女、離婚したあと名古屋のキャバクラで働いて、それから大阪の風俗店に来て、大阪に住んで半年であの事件になるんですけど、その半年間、一回もごみ捨てしてないんですよね。

だから、当時のニュースでもベランダが全部ごみで埋まってたじゃないですか。ごみ捨てすらしていないという状況が、彼女の、もうどうしていいか分からない、という心象をすごく表している気がします。結婚していた頃は完璧な母親をやっていたそうなので、だらしない人では全然ない。結局、彼女は懲役30年で確定しましたよね。

貴戸　うん。

雨宮　もちろん、やったことはひどいけど…。

貴戸　母親に殺させているっていう感じです。

雨宮　そうですよね。ほとんど仕事の経験もない若い母親に子ども2人押し付けたら破綻するって絶対分かったはずなのに、彼女が浮気したことへの制裁のように子ども2人を押し付けるようにして離婚となった。養育費の取り決めも何もなく、彼女は育てられない、無理だと弱音を吐くと「母親なんだから」と言われて。それで「いい母親でいなきゃ」と思った彼女は、すべてを自分で背負って結局、子どもを死なせてしまった。

不寛容な社会とマジョリティの生きづらさ

雨宮　大阪の事件はあまりにも悲惨なケースですが、今、世の中全体が子どもヘイトというか、こんなに少子化だっていうのに、異様に子どもに冷たいですよね。泣き声がうるさいから子どもを電車に乗せるなとか。あとここ1、2年で話題になっているのは「わざとぶつかる男」。駅なんかで、女性だけにわざとぶつかってくる男がいる。これ、静岡に住んでる友達に話したら全然知らなかったって。やっぱ大阪でもそんな人いませんか。

貴戸　えー！　初めて聞きました。私、行動範囲狭くて電車もあまり乗らないからかな。

雨宮　なんかもう異常じゃないですか？　女性に対するヘイトだし、東京でベビーカーで電車に乗ってる母親なんか、「すいません、すいません」って、もう土下座するぐらいの勢いで、それ見てると、こんな殺伐とした国で子育てとか前向きになれないよな、という気持ちになります。

貴戸　本当にそうだと思います。社会の寛容度は下がってるし、マタニティマーク付けてるだけで「幸せアピールしてんじゃねえ」みたいな、ヘイトの対象になるじゃないですか。

雨宮　ああ…。末期ですね。

貴戸　でもそれは、マジョリティの側が追い詰められているっていうことだと思います。妊婦や子連れの母親は、優先席の対象になるんですよ。優先席のマークを見ても、身体に障害のある人と、杖をついてる老人と、妊婦と、小さい子どもを連れている人とかですよね。そういう分かりやすいマイノリティというか、「この人は弱者です。だから助けられて当然の人です」と社会に見なされている存在に対する憎悪みたいなのをすごく感じます。それは「自分だって苦しいのに、誰からも同情されない」というマジョリティの痛み。

雨宮　まさに、ですね。私の問題意識も今そこに向いてます。

貴戸　たぶん、そのあたりをどう組み込んでいくかが、既存の社会運動の課題になってくるんだろうと思います。フェミニズムも障害者運動もフリースクール運動も。

雨宮　ですよね。結局、障害者や弱者が「不当に優遇されている」みたいな理解になっている。あと「在日」とか。

貴戸　あれは分かりやすさに対する嫉妬。自分の生きづらさを聞いてもらえる枠組みが社会にあることに対する嫉妬だと思います。

雨宮　でもそこまできちゃったらもう、地獄みたいな世の中ですよね…。

貴戸　だから、「マジョリティであっても感じている生きづらさ」をきちんと聞き取る耳というか、「そこにも生きづらさあるよね」ということを聞き取っていく枠組みみたいなものを作っていかないと難しいだろうなと思います。

雨宮　本当にそうですね。でも、そういう人達に通じる言葉っていうか、何て言えばいいんでしょうね。マジョリティが病んでいるわけですよね。

貴戸　難しいけど、一つ言えるのは、自分の中だけの問題にしないで、関係性のなかに問題を開いていってほしい。脳内で暴走しないで、実際に付き合うなかで生身の相手に触れてみてほしい。

子どもの声のうるささも、顔見知りだったり繋がりのある子どもだと人間ってかなり大丈夫になるんですよね。見知らぬ人だと「こんな時代に子どもを持てて、それだけで特権的な存在で、それに引き換え自分は」とか、「子どもがギャーギャー泣いてるのに何もしないあの親は何なんだ」とかいう方向になるけど、具体的な顔と名前のある固有のその子との関係性みたいなところから出発する機会をいっぱい持てれば、きっと違ってくる。

雨宮　それ聞くと、マジョリティで生きづらい側の人は自分自身が「固有の誰か」というふうに扱われてないのかもしれないですね。もう記号みたいに。で、子どもという記号イコールうるさいみたいな。一人ひとりが人間扱いされてない社会というところに問題の根はありそう。

社会の分断と同調圧力

雨宮　子ども絡みだともうひとつ、東京都港区南青山の児童相談所に対して建設反対運動が起きたじゃないですか。それ以外にも保育園作ると声がうるさいって反対運動が起きたり。何なんですかね？　そういう反対の声を今から10年前、20年前に言えたかなと思うと、「さすがにそれは」って誰かが止めたりした気がするんです。まだ良心というか、社会ってそういうものだよねって前提があった気がする。

貴戸　歯止めみたいなものがね。

雨宮　でも今、むき出しじゃないですか。私は2006年に反貧困運動を始めてフリーターとかロスジェネとか非正規問題でいろいろ活動を始めたんですが、当時、同じ国の人なのに言葉が通じない状況が広がっていることに恐怖を感じました。住む世界が違うし、同じ人種とすら思ってない。ライフスタイルも違うから同じ経験もないし、学生時代の経験も、塾漬けの子どもと給食食べに行く貧しい子とではまったく違う。

貴戸　うん、うん。

雨宮　これは怖いなと思って思い出したのは、知人の話でした。イラク戦争の時にアメリカに行った人が、「あなたの国の人達が戦争へ行ってて死んでて、どう思うんだ」みたいな話を、白人の高学歴な若者に聞いたら、「戦争へ行って死んでるのは自分達と関係ない、下層民の貧乏なやつだから自分達は何も関係ないんだ」って言ってたと。戦争に行く人は貧乏で自分達には何も関係ないと言い切れる世界が、アメリカでは２００３年にもうしっかりと完成していた。

じゃあ、今の日本はどうか。露骨に貧乏な若者が戦争で死ぬという現実はありませんが、この10年くらいで、階級とか階層がナチュラルに定着したと思います。そう思うと、２００８年から２００９年にかけての年越し派遣村は牧歌的だったとすら言える。皆がすごい同情して、寄付金もたくさん集まった。でも今、同じ光景が出現しても、「そういうもんだよね」で終わる気がします。

貴戸　「しょうがないよね、世の中って厳しいからね」みたいな。問題を解決できなくなっているというより、最初から切り離してしまって、問題を問題だと見なす力が弱ってきている。

雨宮 10年前、フリーター系のデモしてると、沿道から「働け」とかってすごい怒鳴られたんですけど、今、「お前ら日本人じゃないだろ」って怒鳴られるんですよ。

貴戸 えぇー‼

雨宮 すごくないですか。デモする奴イコール日本人じゃないみたいな。それを通りすがりの通行人が言ってくる。声を上げるやつは日本人じゃないし、下層にいるような人も日本人じゃないみたいな。現場から日本を定点観測してると着々と怖いことが進んでるなと思いますね。

貴戸 恐ろしい。新自由主義は新保守主義とセットで来るわけで、政府がそれを後押ししているようなところもありますね。

２０１８年から小学校では道徳が教科化されましたね。教科書検定で「我が国の郷土の文化と生活に親しみ、愛着を持つ」という学習指導要領の規定に基づく指摘が入って、「パン屋さん」という記述が「お菓子屋さん」に変わったりしました。大事なのはそこじゃないだろって思うし、何より、郷土に愛着を持つのはいいけど、「日本の文化や伝統はすごい、偉い」というのは違うと思う。

学校でしっかり価値教育をやるということ自体は悪くないと思うんですけどね。問題はどんな価値をどんなふうに教えるかですよね。娘の教科書とか見てても、日本の道徳は気持ち悪いですよ。オーストラリアは全然違ってた。

雨宮　どんな感じだったんですか？

貴戸　バリュー・エデュケーションって、オーストラリアにもありましたけど、「あなたは大切な存在だよ」ってところから入るんですよね。多民族国家だから、いろんな家族、宗教、人種、文化がある。でも一人ひとりがすごく大切な個人で、自分の権利を主張できる。「あなたが大事な存在であるように相手も大事な個人で、そういう人達が集まって社会なんだよ、だからこのルールは守んなきゃいけないんだ」っていう順番になっている。でも、日本は逆ですよね。

小学1年生の道徳教科書に『かぼちゃのつる』という話があるんです。かぼちゃがつるを伸ばしていくんですよ。それに対して蜂とか犬が「そっちに伸びちゃいけないよ」と言うんです。でもかぼちゃは「かまうもんか」とどんどん伸びていって、最後は道路にはみ出て車に轢かれてしまう。

雨宮　え、なんかそれ意味分かんないですね。

貴戸　テーマは「わがままをしない」。はみ出しちゃったから痛い思いする。

雨宮　空気読めっていう圧力か…。

貴戸　集団の価値が先にあって、それに個人が合わせないと制裁がある。こんな話を7歳の子どもが聞かされていると思うとたまりません。バラバラにされてるのに同調圧力は高まってて…。

オーストラリアでの子育て

雨宮　オーストラリアで子育てしててどうでしたか。ベビーカーヘイトとはおそらく無縁でしょうね。

貴戸　あっちは土地が広いですからね。それに、痩せても枯れても福祉国家、という底力を見た気がしました。オーストラリアは２０００年代に出生率が上がって、２００８年には2を超えて「少子化を克服した」と言われました。最近はまた下降傾向ですけど、１・７～１・８ぐらいですから、日本よりかなりましですよね。子どもを産むと数十万円くれる「ベビーボーナス」っていう制度があったり、出産も健診も全部フリーですよ。

雨宮　そりゃ産むわって話ですよね。

貴戸　子どもを育てるのにかかる費用を政府が負担する仕組みがいくつかあるから、大学院生同士のカップルで子どもが3人いる夫婦がいたりして、私には衝撃でした。博士課程の学費がオーストラリア人は無料だったのも、奨学金の返済があった私にはうらやましかったです。親が無職でも、失業手当や生活保護のような給付をいろいろ組み合わせて普通に一家が食べていけるし、そういう家庭でも子どもは普通にバレエとか習ってました。

雨宮　日本だとそんなのむっちゃ叩かれるじゃないですか。

貴戸　そうでしょう？　でもいいんですよ。子どもの権利だから。失業は国民に職を提供できない国の落ち度なので、生活を国が保障するのは福祉国家の建前です。

雨宮　なんか移住したくなりますね。日本はこのままいったらもっと冷たくて病んだ社会になっていく気がして。さっき「わざとぶつかる男」の話しましたけど、このままいったら数年後には「いきなりぶん殴ってくる男」とかになる気がするんですよね。

ちなみにオーストラリアの最低賃金はいくらぐらいですか。

貴戸　１４００円くらいです。あと社会保障に関しては、インターフェイスがすごく使いやすく設計されているって思いました。

雨宮　インターフェイスって？

貴戸　制度と人の接触面、利用する人が制度に最初に出合う場面ですね。日本だと制度を調べて、調べて、調べ尽くして。

雨宮　たらい回しにされる。

貴戸　そう。すごい頑張らないと、自分がどんな保障の対象で、どうすれば何がもらえるのか分からないじゃないですか。生活保護も年金も保育園も全部そうですよね。でも、これも英語ネイティブじゃない国民を大量に抱えた国の工夫という面もあると思いますが、オーストラリアでは市役所に行って備え付けの端末で「あなたは今どういう状態ですか」みたいな簡単な質問に次々答えていくだけで、「あなたが利用できる支援はこれです」って出てきました。

その使いやすさ。

雨宮　いいなー。日本だと、「私は住居確保給付金を使う資格を満たしているので使います」とか、一字一句間違えずに言わないと、向こうからは絶対教えてもくれないですよね。

ロスジェネのこれから

雨宮　それではこの辺で、ロスジェネの今後の話をしたいです。

今後、親の介護問題や自身の老後とかいろいろ出てくると思うんですが。

貴戸　ロスジェネは正規雇用に就けず、家族を持てない人が多くなった。そういう私たちがハッピーに生きていくためには、働くことや家族のあり方を組み替えていく必要があると思います。

制度の問題は大きくて、無年金になった人がきちんと生存できて、かつ財源が破綻しない道を何とか考える必要があります。生活保護にしろ障害者年金にしろ、現状では、必要な層の多くに届かず、特別に困っている人だけが割合しっかり保障される、みたいになってしまっている。でも実際のところ、同じように生きづらさを抱えていて働かない状態が続いている人で、給付を受けられる人と受けられない人の差はわずかだったりする。そういう瀬戸際にいる人がすごく多い印象です。特殊な人にはきちんと支援をするけど、普通の人は自己責任で競争しながら生きてくれ、みたいなやり方がいろんな所で限界を迎えている。「支援はみんな必要」という前提で、給付は状況に応じて段階的にしていくように、制度を組み直していかないといけないと思いますね。

雨宮　結構、同世代でも、本当にちょっとしたことで風邪から肺炎になって孤独死したみたいな話が周りにもあるんですよね。既にそういう形で死に始めているというか、条件の悪い人、孤立していて、家族いなくて、非正規で、生活保護だったら病院に行けるけど、保険証がなくてみたいな人が、え、亡くなったんだみたいな。なんかそういう話を聞くと、ロスジェネの平均寿命も下がっていくんじゃないかと思ったりもします。

貴戸　そういう人がどうすれば生き延びることができるのか、真剣に考えなきゃいけない。

あとは、ひとりひとりがサバイバルの知恵を出し合っていくみたいな面も必要かなと思います。たとえば、雨宮さんの『非正規・単身・アラフォー女性』（光文社新書、2018年）には、「老後は女だけのシェアハウス」って話が出てくるじゃないですか。この方向性、大事だと思ってます。

今、結婚という制度に乗らないと税金などの優遇もないし、不妊治療や養子縁組もできないことになっている。結婚は性的関係のある男女が前提。でももっと多様な家族や世帯のかたちが認められていいと思うんですね。セクシャルマイノリティの人たちのパートナーシップも自治体などで認められるようになってきていますが、性的な関係じゃなくても、もっと自由な世帯の作り方、一緒に住む仲間の作り方ができたら大きな支えになるんじゃないかなと最近感じています。30代の知人の男性と女性で、二人とも引きこもりがちな時期があって、今は不安定な働き方をしている人たちがいるんですけど、彼らが「性的関係はなく一緒に住むことでリスク分散をやる」ということを言っていたりして。

雨宮　おお、なんか新しいモデル。

貴戸　一人は派遣の仕事をしていて、もう一人は障害者年金をもらいながら作業所で働いたりしている人です。一緒に暮らすことを考え始めてみると、それぞれの得意分野が見えてくるんですね。掃除が得意とか、料理はするとか、安いものを探してくるのが得意とか。家事って奥が深いですよ。生活のなかで自分が持ち寄れるものができると、「いくら稼いでます」みたいなのと違うかたちで落ち着き所が見つかる。そういうものを受け止められるような価値とか制度を作っていく。それはゲリラ戦ですよね。実際やってみた、できた、あなたもできるという。

雨宮　そうですね。ロスジェネはある意味、一応総中流が壊れたなかで、前人未到の地を切り開くトップランナーなので、これからたくさんモデルをつくっていけば、それは下の世代にも役立ちますね。その中でもシェアハウス的な取り組みは今、多くのロスジェネがすでに実践したり、計画していたり、老後はシェアハウスという構想を語っていたりします。

ということで、対談はそろそろ終わりの時刻となりました。

今日はいろんなことがお話できて楽しかったです。お互い自分の「生きづらさ」が今の仕事に繋がっている部分も共通してますよね。私は活動家で物書きで、貴戸さんはアカデミズム。

貴戸　そうですね。「自分にとって不登校の経験って何だったんだろう」って問いが膨らんでいって、それが上野千鶴子さんや小熊英二さんと出会うことで社会学の視点を得たのが私の出発点です。

雨宮　あと今日改めて確認できたのが、マジョリティの生きづらさ。病名もなく障害者でもない、優先席に座れない、分かりやすい弱者性がなく社会的支援が一切受けられない多数派の人々の生きづらさが、もう爆発寸前になっているということでした。私もこの点、今の一番大きな問題意識だったので、そんな話もできてよかったです。

そして一番びっくりしたのが、正規雇用というもののすごさです（笑）。思えば私、不安定雇用から正規に行って子ども産んだ人、初めて会ったかもしれないです。しかも、それが前から知ってる貴戸さんだったので、貴戸さんが夜のバイトしてることとか当時から知ってたので、改めて、正規になるとこんなに違うんだって驚きました。自分たちが先のこと考えられない理由が本当に分かりました。

貴戸　そうですね。暮らしが安定するかどうかで、見えてくるものは全く違います。それを私は身をもって体験しました。競争に勝ち抜いて安定を掴んだと思っている人は、漏れ落ちた人のことを考えると自分の立場が揺らぐから、できるだけ考えないようにしてしまうところがあるけど、そういうふうにはなりたくないですね。両方知っているから、二つの世界に橋を架けるような仕事や活動ができたらいいなと思っています。自分の今いる立場の特権性を自覚しながら、ですが。

雨宮さんのお仕事はずっと追いかけてきて、敬意を感じていたので、お話しできてすごく嬉しかったです。

雨宮　今日は本当にありがとうございました。

第3章 「自己責任」と江戸時代

木下光生×雨宮処凛

はじめに　雨宮処凛

日本的「自己責任の呪縛」

ロスジェネは、これまで多くの言葉に苦しめられてきた。「頑張れば報われるんだから歯を食いしばって頑張れ」「努力は裏切らないんだから限界まで努力を重ねろ」「お前より大変な人はもっといる」「社会のせいにするな」などなど、その手の言葉には枚挙に暇がない。

それらを一言で表すなら、やはり「自己責任」という言葉に集約されるだろう。

貧しいのも、不安定なのも、正社員になれないのも結婚できないのも将来の見通しが立たないのもすべて自己責任。おそらく、ロスジェネはその価値観をもっとも内面化している世代だ。なぜなら私たちが若かりし頃、「貧困」はすでに過去のものとされていたからだ。一億総中流社会と言われるなか、自らが率先して相当はみ出したりしなければ「とりあえず就職、結婚できる社会」は、ロスジェネが社会に出る直前までかなりの完成度を誇っていた。何よりも親世代がまさにそんな生き方を体現し、その家庭に生まれ育ったのがロスジェネというわけである。

しかし、バブルが崩壊し、新自由主義とグローバリゼーションの嵐が吹き荒れるなか、親世代のように「普通に働いて、普通に結婚して家庭を持つ」ことのハードルは恐ろしく高くなっていた。そんななか、ロスジェネにぶつけられ続けてきた「自己責任」という言葉。

江戸時代の自己責任論とは

しかし、2018年11月、私の中の「自己責任」論が根底から覆るような言説に出会った。それは朝日新聞2018年11月20日「耕論」に掲載されたある人物のインタビュー。テーマは「冷たい自己責任論」で3人の識者による談話が紹介されていたのだが、奈良大学教授・木下光生氏のインタビューは「自己責任の呪縛」をこれ以上ない説得力で解き放ってくれるものだった。

「救済には制裁　江戸期から」と題された談話で、木下氏は「自己責任」と言われる社会が今に始まったことではないと指摘した。

木下氏によると、相互扶助の社会だったと見られている江戸時代も自己責任を良しとする社会だったそうだ。貧しくて年貢を収められない世帯があれば村が救済にあたるものの、そこには厳しい社会的制裁も伴ったという。また、史料からはその人の素行を見て「救済するかどうか」を決めた形跡も見えるという。自己責任社会の伝統には300~400年の蓄積があるというのだ。

「昔はよかった」「昔の人はもっと助け合ったものだ」「昔はもっと優しい社会だった」

何かにつけ、そんな言葉を耳にする。特に現代の殺伐とした社会を評する時によく使われる言葉だ。が、よくよく考えてみるとその言葉にはなんの根拠もない。ただなんとなく「日本昔話」みたいなイメージの中の「昔」があるだけで、そこに都合のいい幻想を投影しているだけの話である。

そう思って「昔」を描いた作品などを思い出すと、明治生まれの女を描いた「おしん」は悲惨すぎる話だし、最近読んだ『農家女性の戦後史』（姉歯暁、こぶし書房、2018年）には、意地悪率が異常なほど高い明治生まれの舅や姑が嫌というほど登場し、その嫁いびりの凄まじさに「核家族万歳」と叫びたくなるほどだ。「昔はよかった」なんて言葉が裸足で逃げ出すほどに、多くの場合、昔はひどい。そもそも女や貧乏人に人権などない。

木下氏の指摘に興味を持った私は、氏の書いた『貧困と自己責任の近世日本史』（人文書院、2017年）を、3800円もしたが買い求めた。

そうして一気に読み終えた感想は、「いやー、昔はひどかった！」というものだ。

日本人が冷たいのって今に始まったことじゃなくて、ずーっと前から自己責任社会だったんだ、ということが骨身にしみてよくわかった。それだけではない。「自己責任バッシング」のディティールが、今のネットでのバッシングとほとんど変わらないのだ。江戸時代の村人、藤右衛門とマツが田んぼのあぜ道とか神社の裏とかでコソコソ言ってたことが、今、ネットに書かれているだけの話なのである。

たとえば大和国平群《へぐり》郡法隆寺村ほか10か村では、1837年（天保8年）、村から公的に「施し」を受けた者に対しての申し合わせが取り交わされている。

その内容は、村からタダで米を施された以上、受給者は衣服や履物、髪飾りといった「見た目」でも、常日頃から行動を慎むべき、というような内容で、成人男性に対しても「羽織、雪踏《せった》」という正装を禁じている。期間は「一代限り」となっており、子や孫に受け継がれることはないようだが、一代と言えば「長ければおよそ20〜30年にもおよぶ行動規制」である。しかもこの時期は、飢饉によって社会全体が苦境に立たされていたそうだが、そんなことはおかまいなしに「村に迷惑をかけた者」は厳しい制裁の対象になっていたのである。リーマンショックが起きた年の末に開催された年越し派遣村に、「自己責任」と言った人がいたのと同じ構図だ。

それだけではない。

「実際に施行米をうけた世帯の構成員全員（子どもも含む）から署名と捺印をとりつけることで、誰が辱めをうけるべきなのか、村の公文書上でもはっきりとさせようとするものなのであった」

この大和国平群郡法隆寺村以上に「踏み込んだ制裁」を発動させたのが、1867年の河内国丹北部若林村（大阪府松原市）である。この時期は物価の高騰により、困窮に陥る人が多く出たようである。そんな人々に村は「温情」を与えるが、この温情が厳しい制裁を伴っていたのである。

まず、困窮するのは「日頃から自助努力を怠ってきたせい」であるとし、施行《せぎょう》を受けるかわりに、いろいろと決まりごとを作って、それを5年間守るように通達した。

その内容は、「日笠をさすな」「雪踏を履くな」「絹織物を着るな」といった「小姑」を思わせるみみっちい服装禁制。また、大酒を飲んだり物見遊山を禁じるものだった。それだけでない。

「施行受給者の名を、住民が日常的に集う村の髪結床《かみゆいどこ》、そして受給者各戸の軒先にわざわざ張り出して、誰が村に迷惑をかけたのかを白日の下に晒そうとした。さらに受給者は、施行米の原資を提供した『施主人』（「高持一同」）の屋敷へうかがう際、門の手前から履き物を脱ぎ、極めて低姿勢で敷地内に『這い入る』ことが求められた」

なんかもう、これを考えついた人の底意地の悪さに脱帽である。でも、昔話にはこういう意地悪なことばっか思いつく天才ってつきものだ。

これだけ屈辱的、差別的な扱いを受ける人々の姿は、「施しを受ける」ことをためらわせるには十分だったろう。よって、どれほど生活に困窮していても「タダで助けてもらうなんていただたまれない」「申し訳ない」という思いから、一家総出で夜逃げするケースなどもあったという。施しを受けた人への制裁が、人々の自己責任論をより強化する。

ここまで読んで、現代とのあまりの符合に驚いた人も多いのではないだろうか。

生活保護受給者はそれらしくボロを着ていろ、無駄遣いをするな、酒を飲むな、パチンコをするな、ギャンブルをするな等々の声は、21世紀の日本にも溢れかえっている。それだけではない。生活保護受給者がパチンコなどをしていたら通報するようにと呼びかける自治体もあるし、監視を勧めるような条例がある自治体だってある。天保8年とかからもう200年近く経とうというのに、この国の価値観は「江戸時代の村人」から、ちっとも進化していないのだ。

木下氏はこのことについて、以下のように書いている。

「『不実／我侭』な村人の救済度合いを低く見積もった一八〇〇年の大和国山之坊村の姿勢と、水際作戦で生活保護申請を認めず、結果として四〇代の姉妹二人を餓死させた二〇一〇～一二年の札幌市白石区福祉事務所の態度とは、異質なものではなく、同じ土俵上にある同質の問題だといえよう」

普段私は、男尊女卑的なことをおぬかしになる人などがいると、「もう21世紀なんだし、いい加減昭和の忘れ物みたいな発想やめてよ」と言うようにしているのだが、自己責任に関しては、この国の人々の発想は江戸時代から進化していないのである。なんか新自由主義でグローバル化のもと、先進的な自分をアピールするために「それって自己責任じゃん？」とカッコつけてる人とかいるけど、お前のスタンス、そのまんま江戸時代の村人だよ？　キビと大根作ることに人生捧げた天保の時代の藤右衛門と同じだよ？　別に藤右衛門は悪くない

けど、せっかく教育受けた意味なくない？

洞窟救出劇に見たタイ社会の寛容さ

そんな木下氏の存在を知った2018年、自己責任をめぐる興味深い出来事があった。それは2018年夏にタイで起きた、洞窟に閉じ込められた少年ら13人の救出劇である。25歳のコーチが、その日誕生日のメンバーを祝うためにみんなで洞窟に入ったものの、豪雨で出られなくなったというアクシデント。9日後にはダイバーによって全員の生存が確認され、17日後には全員が救出された。この救出劇には世界中の注目が集まり、日本でも連日報道されたので覚えている方も多いだろう。

そんな報道を見ていて驚いたのは、現地のタイでは、コーチを「責める」世論がほとんどないということだった。また、救出にあたり、近隣の農家は洞窟から排出される大量の水のため、田植えしたばかりの田んぼが浸水するなど大きな被害に遭っていた。しかし、農家の人々は口を揃えて「少年たちを救えるなら喜んで協力する」と笑顔なのだった。

これが日本だったら…。「大迷惑」「大損害」という「被害者」の怒り心頭の声が伝えられ、ワイドショーの識者は損害額をはじき出してみせるだろう。また、コーチには「責任をとれ」「救出にいくらかかると思ってるんだ」「全額負担しろ」「自己責任」「日本の恥」などの罵詈雑言がネット上に溢れ返っているはずだ。しかし、タイの少年の親たちは、コーチに対して「自分を責めないで」という手紙を救助隊に託していたという。自身の子どもがまだ洞窟の中に取り残されているなかで。

予期せぬトラブルに巻き込まれた時、「自分を責めないで」と優しく手が差し伸べられる社会と、「自己責任だ」と再起不能なまでに叩きのめされる社会。一体、日本とタイでどうしてここまでの差がついてしまったのか。なぜ、タイの人は冷たく「自己責任」と突き放したりせずにいられるのか。

ちなみにタイは、人口の1％が66・9％の富を独占する「世界でもっとも不平等な国」だそうだ。不平等な格差社会なのに、自己責任論が大手を振るっていない社会。

さて、そんな自己責任について語り合いたいと思い、木下氏に対談を申し込んだ。ちなみに研究内容から「おじいちゃん」を想像したかもしれないが、木下氏は1973年生まれのロスジェネである。

ということで、時代は江戸時代に遡る。

対談　木下光生×雨宮処凛

18世紀後半から出てきた被差別民への「自己責任論」

雨宮　本日は、江戸時代の自己責任観と現在の日本との関連などについてお話をうかがいたいと思います。

「自己責任」という言葉については、新自由主義が悪いとかグローバル化が原因とか、もう言い尽くされてるじゃないですか。もちろんそれもわかるんですけど、国際調査などを見ると、そもそも貧しい人に対する日本の冷たさって際立ってるんですね。たとえば、２００７年に世界各国でなされた貧困問題への意識調査があります（The Pew Global Attitudes Project 2007 Survey）。そこで「自力で生きていけないようなとても貧しい人たちの面倒をみるのは、国や政府の責任である。この考えについてどう思うか」という質問に対して、「そう思わない」と答えた人が突出して多いのが日本です。実に38％の人が「助けるべきとは思わない」と回答している。

ですが、ドイツではそう答えたのはわずか７％。イギリスでは８％、中国９％、「自己責任社会」と言われるアメリカですら28％です。日本独特の自己責任文化というものがあるのではないかという予感を漠然と持っていた時に木下さんのインタビュー、そして著書を読んで、非常に納得しました。日本は江戸時代から自己責任社会だったのか、と。このようなテーマに取り組んだ理由を教えてもらえますか。

木下　もともとは、被差別民（賤民）についての研究をしていました。なかでも「三昧聖《さんまいひじり》」と言われる人たちの研究をしてきたんです（『近世三昧聖と葬送文化』塙書房、2010年、「近世の葬送と墓制」勝田至編『日本葬制史』吉川弘文館、2012年）。火葬や土葬、墓地の管理などをメインにしている人たちで、葬送の担い手だったんですね。彼らは火葬や土葬をするだけじゃなく、葬式の道具を作ったり貸したり売ったりするなど、今の葬儀社の前身みたいなことをしていました。一般的には「隠亡《おんぼう》」って言われることが多いんですが、彼らは葬式に関わっているということで結婚を忌避されたりするんですね。そうした被差別民たちの研究をしていたんですが、18世紀後半くらいから、彼らに対する社会の目線が変わってきます。

たとえば被差別民に対して、「あいつらは汗水たらさずに楽して儲けてる連中だ」みたいな言い方が出てくる。また場合によっては、被差別民に対して「死ね」と暴言を吐いたり、集団で暴力を振るったりするケースも出てくる。差別自体は、もちろんそれ以前からあるんですけど、18世紀後半になると「死ね」というふうに、被差別民の存在自体を否定するような動きが出てくるわけです（「働き方と自己責任を問われる賤民たち」荒武賢一朗編『近世史研究と現代社会』清文堂出版、2011年）。

そうした差別的な言動に対して、被差別民たちも抵抗していくのですが、そのときの理屈は、差別そのものを否定するのではなく、むしろそれを他の賤民に振り向ける、というものでした。たとえば、「かわた」（穢多）と言われる人たちは、「我々はちゃんと土地を持って年貢も払っている『御百姓』で、社会やお国の役に立ってるんだ。差別されてしかるべきは土地も持たず、ひたすら人の温情にすがって物乞いでメシを食い、穢れた仕事ばかりしているような、他地域の穢多や非人たちだ」というふうに、他の賤民との差別化をはかるようになる。一方、物乞いを主たる仕事としていた非人たちも、「我々はいつでも百姓や町人に戻れる。だから穢多とは違うんだ」と線引きしようとする。さらに三昧聖たちも、「我々を穢多や非人と一緒にしないでくれ。自分たちは『聖《ひじり》』（僧侶）として、人の遺体を丁寧に扱って葬っており、むしろ尊敬されてしかるべき人々である。ただ単に遺体を処理してるだけの他の被差別民とは違うんだ」と言う。お坊さんであることに対する自負心が強いわけです。

雨宮　興味深いですね。ちなみにそのような動きが出てきたきっかけは何かあるんでしょうか。

木下　いろいろあるんですけど、穢多たちは、牛や馬が死ぬと、それを無償で貰い受けるということが社会的に合意されてきたんですね。ですが、18世紀になってくると、「なんであいつらにタダで渡さなきゃいけないんだ」という意見が出てくる。

また、芸能興行の時に、そこを縄張りとする穢多が、興行主からマージンみたいなものをもらう慣習があったんですね。それも社会的に合意されてたのが、やっぱり18世紀後半、「なんで渡さなきゃいけないんだ。別にあいつは興行の場で働いてるわけでもないのに」という意見が出てくる。で、お金を取りに行くと、「くそ穢多どもが」と暴言を吐かれて支払いを拒否されることが、18世紀後半とか19世紀の頭に出てくるんです。

あと、被差別民に入会山《いりあいやま》を使わせないようにする動きも出てきます。

雨宮　入会山？

木下　一つの村、あるいは複数の村で共同で管理する山のことです。当時の村人たちにとって、山ってすごく大事なんですね。草を田んぼや畑の肥料にしたり、木の枝を薪《たきぎ》にしたり。その山を被差別民に使わせないようにする。その理由が、「お前たち穢多は、もともと農業をやってこなかっただろ」と。それは嘘で、実際には穢多たちも以前から普通に農業をしていたんですけど。

結局、働き方っていうか、「あいつらは真面目に働いてない」とか「もともと農業やってこなかった連中だ」とかが問われるようになってくる。

雨宮　言いがかりですよね。

木下　そういうことが被差別民の立ち位置の理由付けにされる傾向が、どうも18世紀後半とか19世紀になると出てくるなと。

言ってみたら「自己責任」ですね。「あいつらが被差別民なのは自分のせいだ、働き方が悪いからだ」みたいな。これが中世、13～14世紀の鎌倉時代だと、「前世の行いが悪かったからお前は今、その報いで被差別民になっている」という正当化の仕方なんですね。

雨宮　へぇー。

木下　なので、「仏に祈りなさい」という理屈だったんです。それが数百年ぐらい掛けて、「汗水垂らして働いていないから、お前は差別されてしかるべきだ」となっていった。数百年スパンで物事を見ていくと、差別を支える理屈が大きく変わっていることが分かるわけです。

そんな研究をしていたんですが、ちょうど今から10年くらい前に現代の貧困問題が出てきたこともあって、被差別民だけの問題ではなく、江戸時代の社会全般の問題として、自己責任観を考えようと研究を始めました。

新自由主義だけでは説明できない

雨宮　著書を読んで、江戸時代のことだけではなく、同時代を生きる人間としての怒りをひしひしと感じました。たとえば２０１２年、札幌の姉妹が生活保護を受けられずに餓死・凍死した事件の話が出てきます。妹には知的障害があり、姉は3度も札幌の白石区役所に生活保護の相談に訪れていたのに、「若いから働ける」などの水際作戦に遭って生活保護の申請をさせてもらえなかった。そうして結局、姉妹は真冬の札幌のマンションの一室で餓死・凍死します。その事件について、白石区役所の対応が、「『不実／我侭』な村人の救済度合いを低く見積もった一八〇〇年の大和国山之坊村の姿勢」と「異質なものではなく、同じ土俵上にある問題」と書いていますね。日本社会は江戸時代から成長していないのかと愕然とした思いもこみ上げてくるんですが、木下さんは、1973年生まれですよね。

木下 そうですね。

雨宮 札幌で亡くなった姉妹と私たちは歳が近いですよね。彼女たちは亡くなった時、40歳と42歳で、妹さんは1970年生まれです。木下さん自身もロスジェネの一人ですが、こういったテーマの研究をしようと思った背景には、ロスジェネ特有の鬱屈などもあったんでしょうか。

木下 自分がロスジェネの世代だってのはもちろん分かっているんですけど、もともと学者みたいな世界に行こうとしてたから、そもそも就活もへったくれもなかった（笑）。

雨宮 そうか（笑）。

木下 そういう深刻さはあんまりなかったんですが、ちょうど小泉政権が出てき始めた頃に、すべてを新自由主義的なもので説明しようとする動きに強烈な違和感を覚えていました。いや、もちろん悪いんですよ。労働者派遣法の「改正」で非正規労働をひたすら増やした小泉純一郎首相も悪いし、「社会的に解決しないといけない大問題としての貧困はこの国にはない」と言い放った竹中平蔵総務大臣も悪いし、自分んとこの偽装請負を棚上げにして、労働法制が厳しすぎると言い続けたキャノンの会長で日本経団連会長でもあった御手洗冨士夫さんとか、それは悪いんです。悪いんだけど、新自由主義で全部説明していこうとするやり方に猛烈な違和感があって。

江戸時代のことと現代の新自由主義の問題が、その時にはまだ繋がってなかったんですけど、被差別民が働き方とか自己責任を問われるということを考えていくなかで、今、21世紀に入ってわーわー言っている新自由主義の問題は、別に新しくないんじゃないかと。たかが十数年、二十数年と近視眼的に見てどうするんだと。もうそんなの数百年前から起きていると。それがもう一回、首をもたげてきているというような見方の方が大事なんじゃないかなって思ってました。

雨宮　私にはその視点はまったくなかったので、とても新鮮でした。

木下　自己責任の問題を考える時に重要なのは、まず、今の日本と江戸時代の違いについてです。大きな違いは、江戸時代はみんなが家族労働主体の自営業だったということ。その自営業は、15世紀から18世紀ぐらいの長い期間をかけて、日本独特の「家」という形で作られてきました。血の論理で、世代をまたいで直系で繋げてこうとするシステムです。この「家」の世界が日本社会のなかで広がっていくのと、自営業なんだから経営浮沈はその家の責任だろという自己責任観が広がっていくのは、同時併行なのではないかと思っています。

さらに当時の基幹産業は、水田稲作を中心とした農業だったので、横の繋がりも必要になってくる。そこから「村」という世界が作られる。この「家と村」をセットにして社会が成り立っていました。しかも、村の自治が非常に強く、殿様たちも税金を取る時、村の自治に頼っていました。人々の日常生活から、支配・行政にいたるまで、ありとあらゆる部分が村の自治で成り立っていて、公権力たる領主や幕府からしてみれば、行政コストがものすごく安く済んでいたわけです。

雨宮　自治という言葉だけ聞くといい感じもしますね。

木下　だから社会のなかで揉め事が起きると、基本的には村で全部処理することになる。村でどうしても解決できなくなって、初めて権力者に頼るわけです。経営の浮沈はその家の自己責任だし、村の自治を基本とするから、公権力にもあまり頼ろうとしないし、公権力側もあまり手助けしようとしない。こうした「家と村」をメインとしたシステムが、自己責任を良しとしつつ、それを社会問題化させてこなかった仕組みだったと思うんですね。そうしたシステムは、日本では１９５０年代まで続いていたと思います。

左の「就業者数に占める被雇用者および自営業主の割合」という図は、国土交通省のホームページで、国土審議会計画部会第１回ライフスタイル・生活専門委員会（２００５年）の配布資料「『働き方』について」として公開されているデータで、戦後の１９５３年から２００４年にかけて、就業者の構成がどう変わったのかが分かるものとなっています。

これを見ると、１９５３年には、「自営業主＋家族従業者」が57・６％もいます。それが２００４年になると14・９％になり、代わりに急増するのが被雇用者で84・６％。賃金労働者

就業者数に占める被雇用者および自営業主の割合

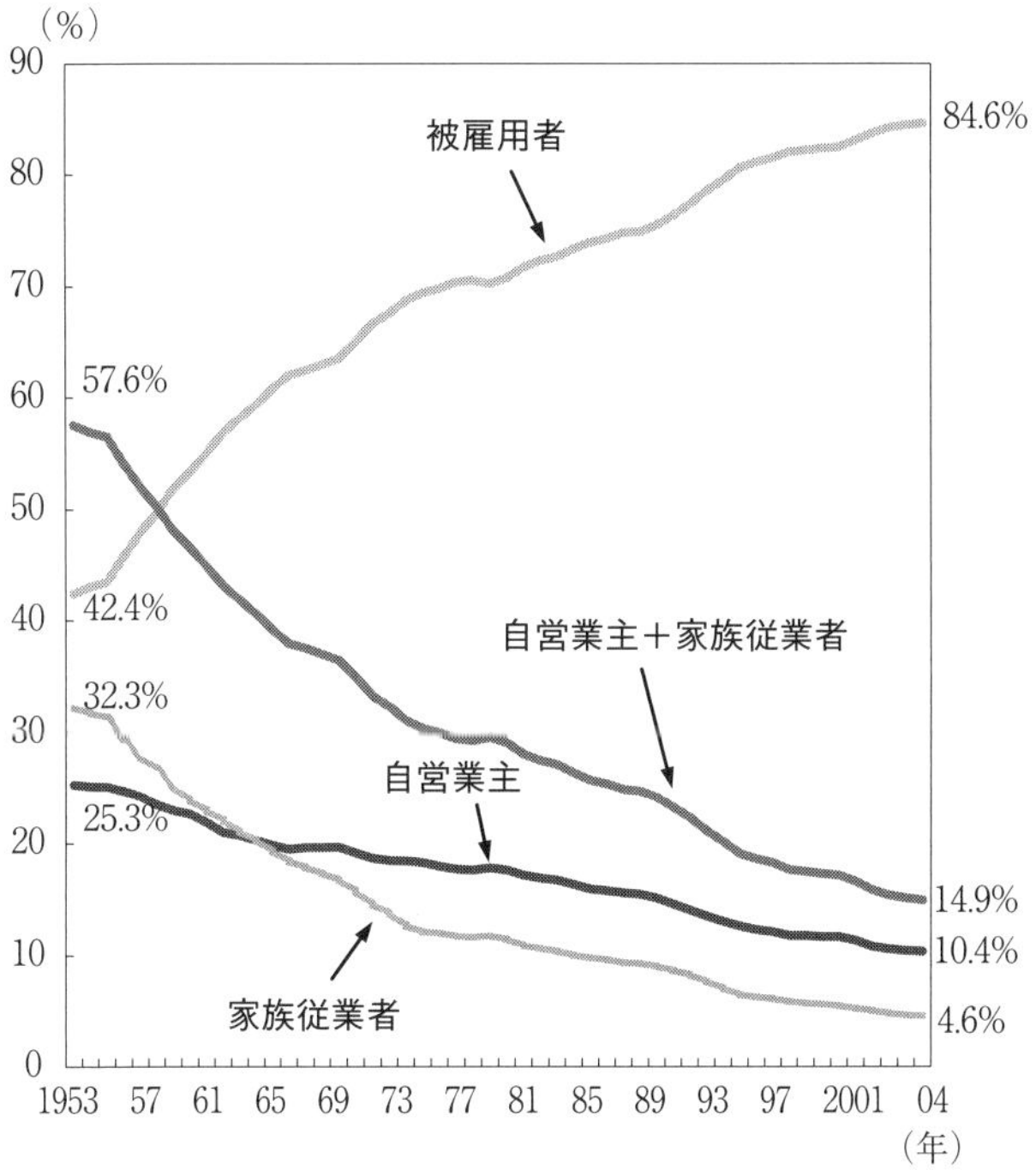

がものすごく増える。自己責任が問題になってくるのって、この話が決定的に大きいと思うんですよ。たった半世紀前まで、石を投げたら6割の確率で自営業者に当たっていたのが、もう今は当たらなくなって、ほぼ100%の確率で賃金労働者に当たるようになった。

雨宮 4割から8割以上に増えてますね。

木下 要するに、家と村という世界がこの50数年で急速に崩壊していった。1950年代くらいまで、江戸時代的なシステムで社会が維持されていたのが、70年代くらいから賃金労働だけで飯を食う社会になった。日本社会が、資本―賃労働関係に基づくちゃんとした資本主義社会になったのって、この半世紀ぐらいなんですよ。

雨宮　ああ、そうか。

木下　江戸時代でも村人たちは賃金労働にたずさわっていましたが、それはあくまでも世帯経営の一環として、農業を中心に諸種の仕事を組み合わせるなかのワンオブゼムでした。それが今や賃金労働のみ、それも夫婦共働きの賃金労働のみで世帯を支えるという、まったく新しい経営体が主流になっていて、もう家というシステムも村というシステムもない。自己責任を良しとしつつ、それでいて社会を壊してこなかった仕組みが、もはや崩壊している。それまでの国家は、家と村の世界に乗っかって、ほとんど何もしなくて済んでいたわけですが、その仕組みが消えた今、国家にはもっとちゃんとしてもらわなくてはいけない。

社会の側も、自分と他人のより良き生活のために、こういうところに税金を出して生活を支えろという、「国家と税金の積極的な使い方」を学ぶ経験や訓練を同時にスタートさせなきゃならなかった。でも、残念ながら古代以来ずっと小さな政府で来ているから、生活のために国家を積極的に使うなんていう訓練を、誰もやってこなかったと思うんですね。逆に「国家とか政府に頼っちゃいけない」という意識だけが残ってしまった。

ヨーロッパの救貧の歴史

雨宮　そうですね。でも現在の、たとえばヨーロッパなんかでは、国家に頼る、福祉を利用することに日本ほどのハードルの高さやスティグマはないように感じます。日本は古代から小さな政府で来ているということでしたが、たとえばヨーロッパはどのような流れで今に至ってるんでしょうか。

木下　ヨーロッパの方は、貧民がいるのはまずい、社会がなんとかしないといけないと対策してきた歴史があります。たとえばイングランドは、教会をメインとした教区という単位で救貧税という目的税をコミュニティの中で取っていた。それは金持ちが払うわけですけど、そのコミュニティの中の選ばれた人たちに救貧費を給付して生活を支えていました。

大陸ヨーロッパだと、寄付ですね。そうした救貧税や寄付によって、貧民たちに救済費を支払っていくシステムが、ヨーロッパの場合、17世紀以来ずっと継続されていきます。もちろん、当時はスティグマも強くありました。たとえば17~18世紀のイングランドでは、救済費の受給者となるためには厳しい選別と排除の過程をくぐり抜けなければならず、「救済に値する者」として合格しても、受給者とわかるバッジ付けの強要などの社会的制裁もありました。決してバラ色ではなかった。

ただ、なぜヨーロッパで貧困対策が早くからなされたかというと、産業革命以前から賃金労働者が社会の中に分厚くいるんですよね。農業も、賃金労働者を雇用してやるとか。

雨宮　そうなんですね。

木下　だから貧困救済の問題と、賃金労働者をどうするかがヨーロッパだとセットになっている。そこで問題なのは、失業者をどうするかですね。自己責任の問われ方も、「お前働けるのに何だ」というような言い方です。

日本の場合、賃金労働がメインになってくるのは、先ほど述べたようにかなり最近の話です。政府レベルで失業対策が初めて構想されるようになるのは、１９１８年発足の原敬内閣のもとですし、最初になされた失業対策も、１９２１年制定の職業紹介法でした。

雨宮　すっごい遅れてるんですね。

木下　滅茶苦茶遅いんです。その時ですら、まだ石を投げても賃金労働者にはなかなか当たらない。日本の場合、政府レベルで失業が問題視されるようになるのは20世紀前半で、江戸時代の場合、失業は全く問題にならないんですね。むしろ、問題は破産なんですよ。「潰れ百姓」という言い方が出てくる。

江戸時代の「施し」と「制裁」

雨宮 江戸時代に破産したりして施しをもらう人たちへの制裁の生々しさに、著書を読んで驚きました。コミュニティって一見とてもいいもののように思えますが、村社会の恐ろしさをまざまざと感じますね。

木下 そうですね。「本来なら家の裁量でちゃんと経営を成り立たせなければいけないのに、お前たちはできなかったじゃないか。仕方ないから助けてやるけど、お前らがだらしないからこうなんだ。だから制裁食らわすぞ」という理屈だと思います。ただ、江戸時代も権力者は制裁を食らわしていないんですよね。

雨宮 え、じゃあ誰が？

木下 コミュニティが制裁を食らわしていくんです。「この人は施しを受けました」という札を受給者の家の軒先に貼ったり、村人たちが集まる髪結床に受給者名を張り出したりして。さらに受給者には日笠、雪踏、絹布の使用・着用や大酒を飲むこと、物見遊山を禁じて、「施主人」の家へ入る時は履物を脱いで這い入ることを求めたんですが、そういったのも村の判断です。「受給者の日頃の行いが悪いからだ」「皆に迷惑を掛けたんだから制裁を食らわして当たり前でしょ」と、村全体の総意としてやる。殿様とか、幕府がやれなんてことは一切言わない。自治の世界ですから。
それが現代になると、範囲は国家レベルになる。皆で税金を払って、生活がしんどい人に生活保護という形で支給される。その時に、「俺も生活苦しいのに、なんであいつらだけもらえるんだ」というバッシングみたいな形で制裁が出てくるのが今ですね。江戸時代は顔見知りの範囲でしたが、今度は顔見知りじゃない範囲ですよね。
一方、村レベルでの制裁は近代でもやっています。近代日本の村落部における納税率は無茶苦茶高くて、１００％に近いんですね。これは世界的に見ると異様です。何でそうなるかというと、江戸時代的な自治の仕組みで、皆に税金払わせようとするから。

雨宮　年貢と同じ。

木下　そう。で、村の中で納税組合を作ったりして完納を目指す。完納したら表彰を受けるとか補助金が出るとか、いろんな仕組みがあります。
納税組合は20世紀以降増えてくるんですけど、それぞれの村で規定を作るんですよね。その規定の中に、もし村のなかで誰かが税金を払えなかったら納税組合で一時的に立て替える。でも、チャンスは一回だけ。次また滞納して迷惑をかけたら、今後付き合いを断ちます、と決めている村もあるんですね。

雨宮　怖い…。

木下　２回目はもうダメ、そうなったら付き合いを断ちますと書いてある。

雨宮　村八分…。

木下　そういう村の中の力のあり方っていうのは、江戸時代と一緒で、顔見知りだからこそ発動できる制裁でもありますよね。しかも、ずっとそこに住み続けるってことが前提ですよね。

雨宮　かなり地獄ですよね。

木下　ええ。でも、それを良しとしていた時代が20世紀前半くらいまであった。

雨宮　なんか、ドラマ『北の国から』でも見ました、そんな話。１９８０年代、失敗した農家を皆が助けて、でも何回も失敗して、農協のシステムでみんなで借金立て替えて、でも、結局その人はいたたまれなくなって夜逃げして。思えばそれってすごい江戸時代っぽいですよね。

木下　そうですね。夜逃げをしなきゃいけないくらい、もう地域にいられないと思わせる仕組みがあるんですね。家と村の社会では。でも今、たとえば僕が失業して生活保護を仮に受けたとして、今のマンションでそれは誰にも知られないわけですよ。

雨宮　そうですよね。

木下　知られる必要もないし、知る必要もない。ただ、中傷レベルでバッシングされるかもしれない、ネットで叩かれるかもしれないから生活保護の申請を止めておこうというのが、今の仕組みだと思います。江戸時代の場合だと、もう、誰からの出資で助けてもらったかっているのも分かるし、誰が施しを受けているかみんな知っている。

ただ、すぐに助けられるわけではありません。一家全員が病気だとしても、すぐに村内扶助が発動されたわけでなく、まず物乞いで生計を立てさせようとする力が村の中で働いていたようです。身寄りのない者は、よほどの高齢や疾患で歩くことができなくなるまでは乞食をしてでも自活するのが当然、という認識だったようです。もしくは身寄りがあれば子どもや孫に助けてもらえと。それでもどうにもならなくなった段階で初めて村が助ける。あるいは、父ちゃんも母ちゃんも病気がちで、娘は奉公で賃金労働して、8歳の子どもが物乞いしているようなケースもありました。そういう施しや村人からの援助を受けるのがつらくて、拒否するケースもあります。年老いた単身の女性が村から助けられているんだけど、いたたまれなくなって、「もう結構です、自分でなんとかします」と言った場合もあります。

雨宮　壮絶ですね…。「家族に助けてもらえ」ということですが、今も生活保護にはその原則がありますよね。「扶養照会」と言って、たとえば私が生活保護の申請に行ったとしたら、私の親とかきょうだいに「面倒見られませんか」って問い合わせが役所から行く仕組み。もちろん、DVとかがあれば照会しないケースもありますが、このシステム自体、完全に家制度を引き継いでますね。

木下　そうですね。とにかく税金による救済費は極力削ろうとして、現場の役人も社会も、「いや、まず家族が助けるべきでしょ」という。2012年、ある芸人の母親が生活保護を受けていたとバッシングされましたが、あんなものは法的にはノープロブレムです。

雨宮　そうそう、まったく違法性はない。

木下　稼いでたとしても、親子関係はいろんな形があるわけで、お金の移動がないことは考えられるわけだから、稼いでても母ちゃんが生活保護を受けるなんてあり得るし、それ自体なんの法的な問題もない。

雨宮　でも、滅茶苦茶バッシングされて、政治家まで大問題にして、「家族なのに何事か」「とにかく家族でなんとかしろ」という圧力が強まったことも印象的でした。

「村に迷惑をかけた」という言い分

雨宮　江戸時代の話に戻りますが、自己責任を求める動きが出てきた18世紀後半には、飢饉が起きたりしてますよね。経済的に厳しくなったから自己責任が強調されるようになったのかなと思ったんですが、そのあたりはどうでしょうか。

木下　そうですね。この本で僕が出した象徴的な制裁例って、いずれも経済的に社会全体が苦しい時なんですね。

ひとつは天保飢饉。天保8年、1837年の飢饉です。

もうひとつ、「施しを受けた世帯に貼り紙するぞ」とか「出資者の屋敷に履物を脱いで這って入れ」っていうのが出てきたのは1867年、ハイパーインフレの時なんですね。日本が外国と貿易を開始して、この時に貨幣改鋳があるので、ハイパーインフレが起きた。それで1

866年に大坂で打ち壊しが起きたりもするんです。なので、社会全体がものすごく苦しい時。にもかかわらず、その時に救済費をもらった人間にバッシングが行く。制裁が出る。
しかも当時の施しは、ちょっとしか助けない。たとえば20日間とか、長くても2か月とか。

雨宮　え、それだけなんですか？

木下　そうです。しかも、出すのは本当に少しの量。当時の人たちは基本的な必要カロリーを穀物から取るので、一人一日あたり米や麦といった穀類を4合とか5合、平気で食べるわけですね。100％米じゃなく、麦を混ぜたりとか地域によっていろいろですが、今の我々とほぼ一緒ぐらいのカロリーを摂取してるんです。今と違うのは、必要カロリーを限りなく100％穀類から取るという点。副食はほぼなくて漬物と汁物みたいな。だから一日4合、5合ぐらい食べなきゃいけないのに、救済の時には大人一人につき一日1合くらいしか渡されない。ちょっとしか渡さないんです。ただ、村人たちってそれぞれの家で蓄えがあるみたいなんですね。

雨宮　ああ、そうなんですね。

木下　もちろん年がら年中、ずっと同じ蓄えがあるんじゃなくて、季節性がある。ただ、その総量を見てると、家族全員が一年間ぐらい食い続けられるぐらいの量は蓄えているっぽいんです。それは19世紀前半の栃木の村の例なんですけど、そういうことが最近の研究で分かってきた。

そんなのを見てると、すっからかんになって初めて救済するんじゃなくて、蓄えで足りない分を補充的に支給する、だから村からの支給量は少なくてもいい、そう考えられていたのではないかと思います。

少量・短期の救済なのに制裁されることを考える時、重要なのは救う側と救われる側の関係性だと思います。飢饉だとかハイパーインフレみたいな、米を買うにも買えない時には、経済的に余裕がある人が出資するわけですが、もしそれがプライベートな関係で、たとえば僕が地主で、雨宮さんが小作人で、僕の土地を借りているという1対1の私的な関係のなかで、救済するとか、小作料減免するとか、こういう時はスティグマも起きない。でも、出資者が同じ地主や土地持ち層でも、救済が「村の行為」としてなされると、「お前は村に迷惑をかけた」という話になる。「本来なら自分の経営努力と貯蔵努力で乗り切るべきなのに、お前はなんでできないんだ」と。

雨宮　自己責任だ、と。

木下　家としての自己責任ですね。だから、「助けてやるけど、お前の努力が足りないせいだからな、分かっておけよ」っていう理屈で制裁がおきるんだと思います。

雨宮　今と同じですね。しかも、制裁の内容が、「日笠をさすな」とか「物見遊山をするな」とか「酒飲むな」とか、まったく今の日本と同じじゃないですか。今、生活保護利用者にパチンコするな、ギャンブルするなとか酒飲むなとか世間は言いますが、江戸時代の村人と何も変わらない言い分……。

木下　そうですね。

雨宮　たとえば当時、施しを与えるけれど十分な量を与えない、というのは他の国でも同じだったんでしょうか？

木下　支給量については、たとえば17世紀以降のイングランドだと、教区によってだいぶ差があるようですが、一般的には日雇い労働者の生活水準程度の救貧費は週単位で支給されていたと言われています。つまり、食べていける。それは、さっきの賃金労働の話と関わっていて、賃金労働者だから仕事がなかったら何もできないわけで、生活できる分のお金を出す。

江戸時代の日本の場合だと、やっぱり自営業で農業メインなので、蓄えも自分で、となる。なので、ヨーロッパだとお金だけじゃなくて服や靴、燃料なんかも支給するんですよね。そこは日本と違うんです。日本はせいぜい現金か穀類のみ。服を渡すことはほぼない。ヨーロッパで服を渡すのは、見た目はボロボロになったらいけない、ちゃんとしとかなきゃいけないからと服を渡す。「救済費をください」って言う時、「うちは家族全員が裸足」という言い方がよくあるパターンですね。靴は皆履いていて然るべきでしょ、という。そんなふうに、服とか靴が支給対象になる。

しかも支給は結構、長期間にわたるんです。5～10年ぐらいはざらで、ときには20年、30年の支給もある。そこは日本と決定的に違う。日本で恒常的な長期支給をやるようになるのは、近代以降ですね。

国への迷惑、納税者への迷惑

雨宮　そうですよね。ここで聞きたいのは、スティグマから来る自殺の問題についてです。たとえば今の日本では、生活保護利用者の自殺率は一般の2倍と言われています。20代に限ると7倍という数字もあります。この背景には、生活保護を利用していることに対する恥や罪の意識が関係していると思います。自殺に至らなくても、うつなど心を病む人も多いです。江戸時代に施しを受けた人の中にも、そういう傾向はあったんでしょうか。

木下　一般的に、首くくるとか、自殺者はもちろんあるんですけど、その理由が生活苦かどうか明確に分かる史料はありません。

あり得るのは、流浪的に物乞いした先に行き倒れて死んでしまうパターンですね。しかも、自分の出身村とものすごい近距離で死んでいるとか。顔見知りの範囲内の可能性もあるようなところでも、行き倒れて死ぬということがあり得る。

でも、社会が恐ろしく冷たいかっていうとそうではなくて、「どこの馬の骨かも分からん人だけど、働き手になりそうだから受け入れてやるか」と、正規の移住手続きを踏まないまま受け入れるなんてこともやってるんですよね。

あるいは、自分の村にいられなくなって、夜逃げする先が隣村というケースもありました。たぶんバレバレで、向こうも知っていると思うんですけど。

雨宮　でも、受け入れてくれたんですね。

木下　ええ。働けるかどうか、役に立つかどうかが大きな基準になっているのかなと思います。たとえば家族で夜逃げして、ある村で受け入れてくれて村の番をさせてくれていたけれど、それをやっていた父ちゃんが病死してしまったと。それで、母ちゃんが子供と一緒に村を出る。なんでかと考えると、労働力として役に立たなくなったっていうことぐらいしか思い付かない。もうひとつは、それでも支えようとする保証人がいないっていうところですかね。だから、役に立つか、立たないかみたいに品定めされてしまうのが、江戸時代の社会の理屈なのかなと思います。

雨宮　役に立つか立たないかって、現代はより露骨に、過酷になっていますよね。とにかく企業の営利活動に役立つ生産性ある人間以外は生きる価値がないみたいな圧力は年々強まっていると思います。毎日、全方向に向かって「役に立つ自分プレゼン」しないと生きられないというか、就活なんかもモロそうですし。

木下　そうですね。高度経済成長とか、せいぜいバブルぐらいまでは、結局、企業福祉と、「土建国家」的なものに覆われていたんでしょうね。それであんまり考えないで済んでいた。だって結局、企業福祉と土建国家が機能してるうちは、「自己責任」なんて言われなかったし。

雨宮　個人は役に立つアピールをそれほどしなくても生きられた。

木下　自己責任って言葉が社会に出てくるのは90年代で、言葉としては非常に新しいですよね。雨宮さんもそうだと思いますけど、中学生、小学生の頃、80年代の頃に自己責任って言葉があったかって言われると。

雨宮　聞いたこともないです。

木下　ないですよね。90年代、山一證券の破綻が自己責任だとか、企業の責任を問う言葉として出てきて、で、やっぱり大きなきっかけは２００４年の人質事件。結局、国に迷惑掛けたって言い方ですよね。

雨宮　はい、はい。

木下　欧米社会から全く理解されないのは、国民国家なんだからどんな事情であれ、同じ国民を救って当たり前だろという、そういう感覚が日本にないことですね。やっぱり、国家って何のために存在してるかという訓練が余りにもなさ過ぎるんでしょうね。国への迷惑の先には、要するに国民への迷惑、納税者に迷惑っていうのがあって、人質で捕まった人たちに「自分で金を払わせろ」という話になってしまう。でも、それだったら山登りで遭難した人だって自己負担になるじゃないか、と思いますけど。

雨宮　でも、最近は山での遭難も自己責任と言われたり、捜索費用にいくらかかるとか海難救助の費用がいくらとか、そういうことがことさらに強調されていますよね。救急車も有料になるという話があったり。昔はそんなこと言われなかったですよね。

一方で、貧困問題を取材していると、特に年配の人のなかに「国の世話になるなんてとんでもない」「お上に迷惑かけるなんて」って考えが根強いとも思います。生活保護にもものすごく抵抗があったり。それもかなり自己責任論ですよね。

木下　やっぱり国家というのが自分たちの生活のためにあるんだ、国家を自覚的に使うんだっていう感覚がないんでしょうね。国が何もしないことに慣らされてきた人たちからすれば、むしろ明治憲法、明治民法的なものの方がしっくりきますよね。「家族のなかでみんなやりましょう」とか「国家は極力何もしない」とか。結局、国家の義務として、国民の最低保障をすると言い出してからせいぜい70年ぐらいですからね。

画期的だった（新）生活保護法

木下　その意味で、1946年11月公布の日本国憲法とその第25条、そしてそれをうけた1950年公布の（新）生活保護法は決定的だと思うんです。

25条の生存権、「すべて国民は、健康で文化的な最低限度の生活を営む権利を有する。国は、すべての生活部面について、社会福祉、社会保障及び公衆衛生の向上及び増進に努めなければならない」。これがなかったら、いまだに明治の頃の発想だと思います。

たとえば、１９２９年に出る救護法では、態度が「不良」「怠惰」なやつは、市長、村長の判断で救護を打ち切ることもできるとしていますし、日本国憲法公布の直前、１９４６年９月に制定された（旧）生活保護法でも、一方で国の責任にもとづく無差別平等の保護を謳っておきながら、もう一方では「勤労を怠る者」や「素行不良な者」には同法を適用しないってしてるんですよね。（旧）生活保護法にいたるまで見られたそうした欠格条項は、１９５０年、（新）生活保護法ができたことによって廃止されました。（新）生活保護法はもう画期的ですよ。日本の歴史のなかで初めて、完全な無差別平等を謳った。

雨宮　態度なんかで選別されず、貧困に陥った理由などを問われず、困窮した人は無差別平等に生活保護を利用できるという原則ですね。

でも、その生活保護にもやはりものすごいスティグマがある。国家を使う訓練って、他の国ではどういうやり方をしてきたんでしょうか。

木下　ドイツの場合だと、１８８０年代、ビスマルクの時代にいち早く社会保険制度が創設されました。でも、それはバラ色じゃなく、強い国を作っていくためみたいなこととたえずセットです。日本でも厚生省ができるのはまさに総動員体制の時ですね。

雨宮　結局、戦争とかに関わってくると。

木下　日本の場合だと、社会福祉的なものが国家レベルで揃ってくるのは１９３８年です。１９３８年４月、国家総動員法が出されるのと前後して、厚生省が設立され、国営の職業紹介所もできた。それまでは民間レベルのハローワークだったわけですけど、国家がやるハローワークは1938年からなんです。なんでかっていうと、国家には国民の生活の面倒を見る責任があるんだと。その根っこにあるのは、「戦争に勝つため」というものですよね。それで社会保障的なものができた。国民健康保険法が制定されたのも1938年です。もちろん当時、加入率は低いです。でも、国家が国民の面倒を見るという制度がこうして出てきたわけです。

雨宮　そう思うと、戦争の総括がちゃんとできていないからこそ、戦争とセットで出てきた社会保障的な制度の使いこなし方を体得していないという気もしてきますね。いろいろ折り合いがついていないというか。

江戸時代も今も変わらない「貧困イメージ」

雨宮　先ほど、江戸時代の高齢の人が、物乞いをしてでもギリギリまで自分で何とかするという話がありましたが、その貧困イメージって、今も全く変わってない感じがします。以前、自民党議員の片山さつきさんなんかが、生活保護を利用している人がアクセサリーをつけていたとか、そういうことを問題視していたじゃないですか。

木下　ああ、言っていましたね。

雨宮　髪を染めていたとか。でも、片山さんじゃなくても、「貧困」＝ボロをまとって3日食べてなくてお風呂も入ってない、という人物像を想像するというか、そこまでじゃなきゃ貧困と認めないという感覚が日本社会には広く共有されていると思います。いわゆる絶対的貧困イメージですね。

これが江戸時代の人だったらまだ分かるけど、なぜ21世紀の高学歴な政治家すらもそういう貧困イメージなのか、そこが一番謎です。

木下　そうですね。そのことについては岩田正美さんとか今の貧困研究者も絶えず言っていることで、貧困のイメージを語らせると、僕らの世代だったらアフリカとかのイメージですよね。ライブエイドの世界っていうか。そういう極限レベルしかイメージできないのは、「ある一定の生活水準を皆が保って当たり前」みたいな意識がないからなんでしょうね。ボロをまとうレベルまでいって、物乞いまでして初めて助けてやるみたいな。

その一定の水準、こういうことはみんなやって当たり前でしょ、持ってて当たり前でしょ、というラインがすごく低い。

今、生活保護を受けていても、冷蔵庫やクーラーを持つことは認められていて批判もされませんが、電気冷蔵庫やクーラーが贅沢品扱いされた頃には批判され、死者も出ていました。たとえば1966年には、生活保護世帯が電気冷蔵庫を持つことは許されない、だから早く売れと言われた人が、それを苦に親子心中していますし、1994年には、クーラーは贅沢品だから取り外さなければ生活保護を打ち切ると言われた高齢者が、クーラーを取り外した結果、熱中症であやうく死にかけるという事件も起きました。

そういうラインがだんだん変わってきたとは思うんですけど、たとえば今だったら、「あいつ携帯持ってるじゃないか」とバッシングされる。あるいは「パチンコ行ってるじゃないか」とか。でも、週に一回飲みに行くとか、たまにパチンコをするとか、家で気晴らしにゲームするということの何がいけないんだと思いますけどね。

阿部彩さんが以前、子どもの貧困について、子どもの必需品の支持率について紹介していましたね。たとえば「クリスマスプレゼントを買えるか」とか。

雨宮　そうそう。「年齢にあった本を持っているか」とか。彼女の著書『子どもの貧困　日本の不公平を考える』（岩波新書、2008年）には、日本の一般の人たちが、子どもに何が必需品と考えているかの調査結果が掲載されています。多くの項目があるんですが、そのなかで5割以上の人が「絶対に必要」と答えたのが、日本の場合、「朝ご飯」「医者に行く（健診も含む）」「歯医者に行く（歯科検診も含む）」「遠足や修学旅行などの学校行事への参加」「学校での給食」「手作りの夕食」「（希望すれば）高校・専門学校までの教育」「絵本や子ども用の本」の8項目で、5割以上の人が「希望するすべての子どもに絶対に与えられるべきである」と回答しました。

一方で、この本では「イギリスにおける子どもの必需品の支持率」が紹介されています。

5割以上の支持率があるのは27項目に上っていて、その中には「特別な日のお祝い」や「趣味やレジャー活動」「子ども部屋（10歳以上）」「1週間以上の旅行（1年に1回）」「少なくとも4本のズボン」などかなりの多岐にわたっています。

イギリスの人が子どものために必要だと思うものと、日本の人がそう思うものとの間にはかなりの差があります。ちょっとしたことでも「贅沢だ」と言われてしまうのが日本なのかもしれません。だけど、自転車とか誕生日プレゼントも「贅沢だ」と言われて買えなかったり貰えなかったりしたら、子どもは絶対に傷つくじゃないですか。モノだけじゃなく、みんながしている経験ができないというのはつらいことです。

木下　そういうことも含めて本当は生活最低限を決めなきゃいけないのに。

イギリスの場合、そういう形のチェックリストというか、生活最低限を市民的な感覚でちゃんとつかまえていこうっていうことを、もうやりだしているんですよね。それまでは基本的には、必要カロリーみたいな。

雨宮　ああ、食べ物。

木下　でも、そうじゃないだろうと。着る服の質とか、プレゼントとか旅行とか、いろいろあるし。

雨宮　尊厳、ですよね。

話は変わりますが、先ほど江戸時代の飢饉の話がありましたが、日本では飢饉でもないのに時々餓死者が出ています。２００７年には北九州で生活保護を打ち切られた人が「おにぎり食べたい」というメモを残して餓死。北九州ではその前年にも生活保護を受けられなかった人が餓死しています。

木下　自分のコミュニティの中で飢え死にしていくっていうのは、究極の状況ですよね。江戸時代の場合、飢饉以外で飢えて死んでしまうっていうのは、流浪的に出て行っちゃって行き倒れて死ぬみたいなケースですね。

雨宮　現在、「食糧の不足」で亡くなる人は年間数十人いて、２０１７年にも22人が餓死しています。そのうち18人の亡くなった場所は「家（庭）」です（人口動態調査）。

今、江戸時代みたいに飢饉なんてないのに、食糧がなくて死んでいる人がいる。先ほども２０１２年の札幌姉妹餓死事件が話題になりました。ある意味、彼女たちは自宅で亡くなったからまだ注目されたとも言えます。ホームレスの路上での死はもっと多いじゃないですか。病死や凍死もありますし。

木下　貧困をきっかけにした死への至り方が、江戸時代と決定的に違うでしょうね。江戸時代は村に住んでて、気付いたら死んでましたとか、助けなかったから死にましたっていうのは、平時では聞いたことがない。そこまでほったらかさない可能性が高い。死ぬとしたらもう、コミュニティから離れてしまって、どこへ行ったか分からないみたいな、そういう時に死んでしまうということでしょうね。

数百年続く自己責任論を超えるために

雨宮　以前、何かのアンケートで、ホームレスがいたとして、その人はなぜホームレスなのか。社会が悪いのか、個人が悪いのかってドイツの人に聞くと、ほとんどのドイツ人が社会が悪いと回答するけれど、日本ではほとんどの人がその人が悪いと回答する、というのを読んだことがあります。

木下　そうでしょうね。アメリカとかでもそこはせめぎ合っているというか、貧困はお前たちの責任なんだみたいなことが今でも言われて、社会に問題があるとなかなか言えない。

雨宮　でも、日本では１９６０年ぐらいに経済成長が始まるわけじゃないですか。で、先ほどお話したように賃金労働者が増えて、その時期と経済成長の時期が同じだから、結局、バブル崩壊までうまくいっていた。初めてうまくいかなくなったのが90年代ってことですよね。

ヨーロッパでは17世紀以来取り組んできた賃金労働世帯と失業・貧困という問題に、日本は90年代、今から二十数年前にやっと大規模な形で直面したということですね。

木下　そうですね。財政学者の井手英策さんなどが言ってますけど、その頃くらいまで、国は生活保障面でほとんど何もしないで済んでいた。「土建国家」として公共事業をやって国民に飯を食わせて、企業の福利厚生でなんとかする。一方、国は減税一辺倒で小さな社会保障さえやっておけばよかったわけです（井手英策『日本財政　転換の方針』岩波新書、2013年）。

雨宮　どんどん経済成長して、みんながテレビ買って、車買って、豊かになってみたいな。

木下　そうですね。で、旦那がサラリーマンで妻が専業主婦で、というモデルでできていた。でもそんなものが成り立っていたのは、1960年代以降のたかだか20〜30年ぐらいじゃないですか。

雨宮　しかも、私たちロスジェネの親である団塊世代がちょうど経済成長にドンピシャ世代ですね。その、ものすごく奇跡的な世代が、普遍的なモデルになっていることがロスジェネのもうひとつの悲劇というか…。しかも親は、自分たちの経験が普遍的なものだと本気で信じてる節さえある。

木下　そうですね。歴史的に見ると、ものすごく蓄積の浅い家族モデルだったにもかかわらず。本当に高度経済成長なんてラッキーパンチみたいなとこがあるんですが。

雨宮　その一世代先に行けば、普通に自営業で農家ですからね。さっきのグラフのとおり。

木下　井手英策さんが2018年、『富山は日本のスウェーデン　変革する保守王国の謎を解く』（集英社新書）という本を出したでしょ。

雨宮　はい。読んでませんが。

木下　読んだんですけど、いい悪いは置いておいて、結局、「家と村」のシステムがあってこそ、この「富山は日本のスウェーデン」モデルは成り立つのではないかと思いました。

雨宮　ああ。富山は日本の江戸時代、でしょうか…。

木下　共働きで、賃金労働で働いていたとしても、家と村のシステムがギリギリ残っていて、それに支えられている保守王国みたいな。あの本を読んで、あらためて家と村のシステムについて考えさせられました。

雨宮　とても興味深い指摘ですね。

それでは、そろそろ最後の質問をしたいと思います。

ここまでいろいろお話してきましたが、どうしたら私たちは、数百年の歴史を持つこの「自己責任」論を超えられるんでしょうか？　難しい質問だと思いますが…。

木下　そうですね。よく講演会とかで、歴史をふまえたうえで、日本社会これからどうするの？みたいな話を最後にするわけです。で、どうしても「自己責任」が大好きで、なおかつ社会を壊したくないなら、もう江戸時代に戻るしかないぞ、と言っています。またみんなで農業をやりましょう、自営業に戻りましょう、家と村の世界をみんなでやりましょう、国には頼りません、国民国家もやめます、サッカーの日本代表もいりませんと。それ、できますか？って聞くんです。

雨宮　絶対嫌です（笑）。

木下　だったら、国家の使い方を生活のためにもっと真面目に考えるしかないですよね。

本当は、国民国家のもとの資本主義社会としてどう生きるかみたいなことを、もっと議論してこなければいけなかった。しかし、残念ながら日本社会が１９９０年代以降何を選択したかと言ったら、非正規労働に走るということ。労働基準法も残業で骨抜きにされ、賃金労働者を守るために頑張らなければならない労組の組織率も2割を切っていて絶望的です。

だけどもっとちゃんと、自分と他人のより良き生活のための「税金と国家の積極的な使い方」を考えるしかない。たとえば最低賃金を１５００円にしろとか、正規労働をもっと増やせとか。あるいは消費税を廃止して、大企業から法人税をきちんととって、高所得層からも累進課税でもっと応分の税金をとって再配分するとか、もっと公務員を増やすとか、もともと生活保護を受けていた人が国会議員になるとか、そういう仕組みを考えていくべきだと思います。

そして、僕が歴史学者としてできるのは、自己責任を良しとしていた社会は、「家と村」で成り立っていたものであって、それが今壊れているからもう無理じゃん、ということを、きっちりと学問的な手続きで説明していく。それが歴史学者としてやれることだと思っています。

第4章 貧乏だけど世界中に友達がいるロスジェネ

松本 哉 × 雨宮処凛

はじめに　雨宮処凛

「貧乏を楽しむ」達人、登場!!

最後の章にご登場いただくのは、東京・高円寺の松本哉さん。1974年生まれ。高円寺でリサイクルショップを経営しながら、時々デモや「アジアの連帯」のための謎のイベントを主催する彼は、日々「ぼったくり資本主義」に絡め取られずに生きる方法を模索している。

ぼったくり資本主義とは、「働けど働けど我が暮らし楽にならざり」な状況の背景にあるものだったり、貧乏人から金をむしり取ってその裏でボロ儲けしてる誰かがいるシステムだったり、とにかく生きてるだけで金も労働力も時にはやりがいも、あらゆるものが搾取され、買い叩かれているような状況、だと私は理解している。

そんな松本さんは、貧乏人が楽しく生きるヒントを盛り込んだ本も多く出版している。『貧乏人の逆襲！　タダで生きる方法』（筑摩書房、2008年）は日本のみならず海外でも出版。他にも『世界マヌケ反乱の手引書　ふざけた場所の作り方』（筑摩書房、2016年）、『貧乏人大反乱　生きにくい世の中と楽しく闘う方法』（アスペスト、2008年）など、タイトルを見ただけで「ちゃんと生きよう」という気分が一瞬で萎える素晴らしい著作がある。

大学時代に「法政の貧乏くささを守る会」を結成。コタツ、どてら、鍋で「武装」しつつ、マヌケな闘争を繰り広げてきた。

大学卒業後は、「貧乏人大反乱集団」を結成。路上宴会を多数開催してきた。

その後、高円寺近辺の暇で貧乏で愉快な仲間たちと「素人の乱」を結成。「俺の自転車を返せデモ」「家賃をタダにしろ一揆」「3人デモ」などのくだらない、しかし斬新かつ異様な盛り上がりとなるデモを主催していたところ、2011年に東日本大震災が起きて、原発が爆発。これまでのデモのノウハウを生かし、震災から1か月後の2011年4月10日、「原発やめろデモ」を主催。1万5000人が集まり、以後、全国に広がった脱原発デモの起爆剤となった。

アジアの人々との連帯も

その後は韓国、台湾、香港、中国などアジアを飲み歩き、酒の力で言葉の壁を突破してアジア各国に山ほど友だちを作ってきた。2016年からは、そんなアジアの人々との連帯を本格的に始めるのだが、その背景にあるのは、一国ではぼったくり資本主義に勝てないという思いと、また近隣の国同士、政府が憎悪を煽るようなアジアの人々と、民間人同士で仲良くなって連帯しまくってしまおう、という作戦だ。

数年前には、日々訪れるアジアの人々のため、高円寺に格安の「マヌケゲストハウス」を開設。ちなみにアジアの連帯に力を入れ始めてから、中国語がペラペラになったという謎の言語能力の持ち主でもある。

ロスジェネが悩んだところで今更「手遅れ」と笑う彼は、年収200万円ながら毎日楽しくて仕方ないらしい。

日本の「貧乏人運動」の唯一にして第一人者の松本哉さんに、開き直る秘訣と世界中に友達を作る方法、また「笑えるマヌケな戦い方」について存分に話を聞いた。

対談 松本哉×雨宮処凛

中国人にQRコード決済の刺青を彫られる

松本 高円寺でリサイクルショップとゲストハウスと飲み屋をやってます。2005年、「素人の乱」というリサイクルショップを作りました。2010年に「なんとかBAR」って飲み屋も始めて、海外からも国内からもいっぱい人が来るようになったんで、「マヌケゲストハウ

QR コードの刺青

ス」というゲストハウスを5年くらい前に始めました。まあ、商店街で街づくりというか、町興し的なこともやりつつ、時々デモもやってます。そういう実践を書いた本も出版してます。

雨宮　商店街での肩書き、何でしたっけ？

松本　北中通り商店街という商店街なんですけど、そこの副会長です。

雨宮　副会長。でも、前科一犯ですよね。それなのに防犯パトロールとかしてるんですよね（笑）？

松本　うん。防犯カメラ分析したり。犯罪者が善良な市民を見てる（笑）。

雨宮　ひどいですね（笑）。逮捕された時の話はあとで詳しく聞くとして、松本さんの腕に入ってる巨大なそれ、本物の刺青ですか？

松本　本物の刺青です。これはＱＲコードで。最近、ＱＲ決済あるじゃないですか。あれの中国版でウィーチャットペイってやつ。これをスキャンしてキャッシュレス決済すると中国元で俺に一元もらえる。一元って10何円なんですけど。

雨宮　へえ…？

松本　中国の友だちがタトゥースタジオをやってて、ＱＲコード決済の刺青彫ったら、みんな面白がってスキャンするに違いない、これは相当儲かる、やろうやろうって彫ったら、失敗して、結局読み取れなくて（笑）。彫師の人が、小さいと彫るの大変で、大きくしなきゃ読み取れないって言うからこのでかさになったんだけど、読み取れなかった（笑）。

雨宮　これ、一生ばかにされるっていうか（笑）。

松本　そう、冬に入れたんですよ。だから全然気づかなかったんですよ。最近夏になって半袖着るようになったら出てきちゃって。

雨宮　しかも、そのうちＱＲコードって時代遅れになる可能性あるじゃないですか（笑）。

松本　「まだそんなの使ってんの」みたいな。70歳ぐらいで死んで死体からこれが見つかったら、ああ、このおじいさんまだこんなの使ってたんだって（笑）。

雨宮　当時の最先端だったんだって（笑）。

松本　だから最近すごいいろんな人から突っ込まれるもん。中国の人とかに「何ですか、それ、ちょっとやっていいですか」って。友達がいっぱい出来ていいですよ、これのお陰で。電車で吊革とかつかまってると中国人が話しかけてくる（笑）。

「法政の貧乏くささを守る会」

雨宮　ここで松本さんの経歴を聞きたいんですけど、1974年、東京の亀戸出身ですよね。いつからこんな感じなんですか。

松本　こんな感じって言うと？　ふざけた人生を送ってるってことですか（笑）。

雨宮　そう（笑）。お父さん、作家ですよね。

松本　そうですね。日本の昔の文学者とか、東京の下町とかの歴史だったりとか書いてた。出版社で働きながら文筆活動してたんですけど、会社やめて。だから最初は、そんなに収入ないから貧乏でしたね。母親は、うちが貧乏過ぎるから、働きに出て会社で事務とかやってましたね。でも嫌になっちゃって、山で自給自足するみたいなこと言いだして、今も山です。父は亡くなりました。

雨宮　どんな子ども時代だったんですか？

松本　子どもの頃はボロい団地みたいなとこ住んでました。その当時の下町の辺りって、今の団地みたいなのとはもう全然違って、周りの人全部知り合いみたいな、誰も鍵を掛けてないし。勝手に人んち入ったりとか。

近所のおばあさんが醤油借りに来たりとか、すぐ人んち行ってお酒飲みに行ったりとか。親同士とかもそういう感じで、地域の繋がりはすごいあった。昭和の世界みたいな感じなんで、怒られるのも見知らぬばばあにいきなりぶん殴られたりとか、「このガキ、何やってんだ」みたいな（笑）。今では考えられない世界ですけどね。ビンタされたりとかして。「なんだこの野郎」とか言って、石投げて反撃したりとかして（笑）。

雨宮　ひどい（笑）。そういう環境で鍛えられたんですかね。じゃあ、小、中、高とかは？

松本　まあ、変ないたずら小僧みたいな感じだったとは思うんですけど。普通にどこにでもいる感じではありましたね。大学に入ってからがやっぱりでかいですね。

大学へ入るかどうかも迷った時もあったんですけど、別に就職してもね、何かまだ早えなというか。一応大学は行こうかなと思って、いろんな大学を見て回ったんですよ。オープンキャンパスとかじゃなくて、何にもない時に普通に行って、そしたら法政大学の雰囲気がすごく良かったんですよね。

雨宮　どう良かったんですか？

松本　人の活動の感じがすげえ伝わってきたというか。無機質じゃなかった。それこそ学生運動の看板もいっぱいあったし、キャンパスで音楽をやっている人がいたりとか。いろんな立て看板もいっぱいあって、やたら活発だなというのをすごく感じた。それで一回浪人して。

雨宮　法政へ入って、「法政の貧乏くささを守る会」を作ったんですよね。「解放区を作る」とか言ってキャンパスに冷蔵庫とかテレビとかコタツとか持ちこんで家にしちゃったり、そこで鍋したり、貧乏人大決起集会を開いたり、キャンプファイヤーしたり、もやし大食い大会をしたり、納豆大食い大会をしたり、伝説の「くさや闘争」（後述）をしたりしていたわけですが、そもそもなんで「法政の貧乏くささを守る会」を作ったんですか？

松本 大学入って、いきなりふざけた運動とかやり始めたんじゃなくて、割と真面目な所に入ったんですよ。中核派とかそういうのに所属してない学生運動やってるノンセクトの人達がいて、そこに参加したんです。でもしっくり来ないっていうか。やっぱり真面目なことを真面目に、正しいことを正しく言うだけだと、誰も話聞いてくんなかったりとか。

雨宮 どんなこと訴えてたんですか。その真面目な学生運動は。

松本 ほとんど学内問題なんですけど。キャンパスの再開発反対とか、学費値上げ問題とか。1年ぐらいそこら辺に出入りしてるうちに、自分なりのふざけたやり方でやりたいなっていうか。俺が真面目にやるのは無理だなと思って。

雨宮 テーマは変わってないですもんね。再開発反対を敢えて「貧乏くささを守る」って言い換えたっていう。

松本 まあ、そうですね。もう全部自分のノリでやろうみたいな。それで学食値上げ反対で学食闘争やったり。まあ暴動に近いですけどね（笑）。学食があまりに量が少ないしまずいし値段が上がって許せない、とかキャンパスで集会やって、盛り上がって百何十人で学食になだれ込んで、「高えぞ！」とか言って、「食い逃げするぞー！」とかシュプレヒコールしたりして（笑）。

雨宮 そんなことをしつつ、さらに独自の闘争を編み出していくわけですよね、くさや闘争とか。

松本 ええ、その時、夜間部の廃止問題とかいろいろあって、学生側が大学側に交渉を要求したんですけど、大学側がシャットアウトして、交渉せずに閉じこもってたんですよ。だからその学生課の事務所の前でくさやを大量に焼いて、炙り出そうとしたんです（笑）。「交渉に応じろ」って。しばらくしたら出て来て、「もう仕事になんねえ、くせえよ」みたいな（笑）。

雨宮 こういうやり方も松本さんの発案なわけですよね。

松本 そうですね。仲間と飲んでいる時とかに、これやったら面白いね、やろうやろうみたいな感じが多いですね。

大卒後に「貧乏人大反乱集団」を結成

雨宮 大学を卒業してからは、「貧乏人大反乱集団」を結成しましたよね。どんな活動をしていたんですか？

松本 駅前とかで飲み会やったり。見ず知らずの人がいっぱい集まる所でみんなで飲み会をやって、謎のネットワーク作りみたいな。

雨宮　六本木ヒルズで鍋をやろうとして、警察に鍋を弾圧されたりもしましたね。

松本　ちょうど六本木ヒルズが出来た最初のクリスマス目がけて「六本木ヒルズを火の海にしよう」みたいなビラを東京で2万枚ぐらい撒いたんです。クリスマスって商業主義の中心の巨大イベントじゃないですか。それを蹴散らそうみたいな感じで。そうしたら警察が本気でびびって、テロをやるんじゃないかみたいな。要は鍋をやるっていう意味で「火の海に」という意味だったんですけど、警察は本気にしちゃった（笑）。

雨宮　（笑）

松本　当日、六本木ヒルズに行ったら、うちらネギとか豆腐とか持ってるだけなのに大量の警官に囲まれて、「鍋やるんじゃないだろうな！」って言われて（笑）。

それで警察はうちらのこと、「貧乏人大反乱集団」って名前が長いから、「貧乏」って省略して言ってたんだけど、たまたまクリスマスの六本木ヒルズに来てた貧乏くさい格好のお兄ちゃんとかが警察に「お前、〝貧乏〟の仲間か？」とか職質されてて（笑）。初めて六本木ヒルズに来たような感じの人が俺らの仲間だと勘違いされて、警察に「おい、お前、貧乏だろ。帰れ」「鍋とかやるんじゃないだろうな」とか言われてて（笑）。いやー、あの人仲間じゃないのにな～って。頑張ってクリスマスに上京して来て、いきなり警官に、「お前貧乏だろ、お前の来るとこじゃねえから帰れ帰れ」とか言われて。あれはかわいそうでしたね（笑）

雨宮　ひどい。ひどすぎる（笑）。

松本　二度と六本木ヒルズ来ないでしょうね（笑）。

雨宮　じゃあ、「貧乏人大反乱集団」の主な活動は路上鍋みたいな。

松本　そうですね。今から思えば繋ぎっていうか。大学を出て、自分の店をやるまでの間やってたんで。バイトとかしながら。

雨宮　そうか。この時はバイト生活。

松本　そうですね。大学出る直前にリサイクルショップのバイトを始めて、単なるバイトのつもりでやってたんですけど意外と面白かったんで、それで就職活動するのも何か面白くないし。ちょうど完全に就職氷河期だったし。一浪して大学に7年いたから2001年卒だったんで。それで2005年にリサイクルショップ「素人の乱」作りました、4年間バイトしつつ。

雨宮　その時、いわゆるフリーターだったわけですけど、なにも焦ってないっていうか、フリーターの時に一番ひどい名前の「貧乏人大反乱集団」をやってたということですね。

松本　そう。一番生き生きしてましたから、その時（笑）。結構いろんな人から言われるんですよ。「え、大丈夫。心配じゃないの？」「だって、もうすぐ30歳でしょ？」とか。

雨宮　うん。ロスジェネの、一番辛い時期ですね。

松本　ストレスゼロですよ、何て楽しいんだろう、何て楽な人生なんだろうと思って（笑）。

雨宮　その時、月収はいくらぐらいなんですか。

松本　結構バイトしてたんで、いい時は20万円近かったんじゃないかな。15万から20万円の間ぐらい。もう学校終わって他にやることないし、仕事は仕事ですごい面白くて。そのバイト期間中に捕まっているんですよね。

雨宮　なんで逮捕されたんでしたっけ？

松本　学生の時に、学長とか大企業の社長とかが集まって、「学生を企業の即戦力に」みたいなシンポジウムがあったんで、それを、「粉砕しよう」みたいなノリになって、行ったら見事に警備が手薄過ぎて、まんまと会場の中に乱入できて、ペンキをぶちまけたりとかしたら、それで捕まったという（笑）。

雨宮　「過激派」って書いたヘルメットを被ってたんですよね（笑）。

松本　そうそう。「過激派」って。完全にネタなんですけどね。本当の過激派が「過激派」って書かないですよ（笑）。

雨宮　それで偉い人達にペンキをぶちまけて（笑）。

松本　そう。それで、まんまと捕まった。その時じゃなくて卒業後に捕まって、4か月半、留置所と拘置所で過ごしました。

雨宮　フリーターで捕まって、不安はなかったんですか。

松本　バイトなんで別に。まあ出てきたらまたバイト始めればいい。

雨宮　どうでしたか、留置所生活は？

松本　いやあ、最高でしたね。今でも行きたいくらいですもん。

やっぱりね、毎日ちゃんと栄養バランスの取れたおいしいご飯がお腹いっぱい食べられるし。時間があるから、普段読まない本とか読めるし新聞も隅から隅まで読める。あとは雑居の時はいろんな面白い人達が同じ部屋の中にいて。同じ犯罪の種類の人達は会わせると結託する可能性があるから、一部屋にひととおりいるんですよ。詐欺師がいて、やくざがいて、ビザのない外国人がいて、いろんな人達がいて、もう話題が尽きないんですよね、皆持ってる経験が違うから。「そうなんですか！」みたいな、毎日腹抱えて笑っていて。

雨宮　松本さんは政治犯ってことだったんですか。

松本　うん、政治犯。政治犯枠はね、結構珍しいんで、皆から重宝されるっていうか。今時そんな人がいるんだ！　みたいになって。

高円寺で「素人の乱」を始める

雨宮　その後、２００５年に東京・高円寺で「素人の乱」というリサイクルショップを始めるんですね。なんで高円寺にしようと思ったんですか。松本さんが来たことにより、もともとおかしかった高円寺がもっとおかしくなってきた感じがします。デモの拠点にもなって。

松本　高円寺ってボロアパートとかもあるし、大学時代に友達が住んでて、飲みに来たりとか、高円寺に来る機会は結構あって。それでまあ、山下陽光《ひかる》君っていうね。

雨宮　「素人の乱」を松本さんと一緒に盛り上げていた陽光君ですね。「途中でやめる」というブランドを作って自作の服を売っている人ですね。その服は大人気で芸能人とかもよく着てますね。『バイトやめる学校』（タバブックス、２０１７年）という著作もあり、数年前、高円寺から福岡に移住し、今も服作りで生活しています。

松本　その陽光君と高円寺で知り合いになって、店開こうかなと思った時に、何かやりたいなってうずうずしてる馬鹿なやつらがウロウロしてるような街がいいなって。

雨宮　力と暇があり余った貧乏人がたくさんいるような。

松本　潜在力がありそうな。やっぱり中央線沿線がいいかなと思って。ちょうどその時、陽光君が「知り合いに空いてる店紹介してもらえそうなんだけど、よかったら一緒に行く?」って言ってくれたんで。それで陽光君と二人で始めました。「素人の乱1号店」というので、俺はリサイクルショップ。陽光君は洋服、古着屋を。

雨宮　で、その「素人の乱」の店、今は高円寺周辺にすごいたくさんありますよね。

松本　もう何号店まであるか分かんないですね。それぞれ独立採算で勝手にやってます。古着屋とか、飲み屋とか、雑貨屋さんとか。12号店はイベントスペースですね。

雨宮　「素人の乱」の店をやっている人って、松本さん的な生き方に共感したっていうか、自分で小さくても起業して雇われずに生きていこうみたいな人達ですか。

松本　まあ、そうですね。自分のスペースを持つのが楽しそうだと思った人が、「自分もやりたい」みたいにどんどん増えて。

雨宮　それで皆、食べていけてるわけですか？

松本　そうですね。副業でやっている人もいるけど、なんだかんだ言って、皆、自分で食ってますね。

雨宮　それは大きいですよ！　この本のテーマがロスジェネなので、食い扶持問題は大きい。店やっている人達って同世代ぐらいが多いですか？

松本　雑貨屋さんの女の子は、今年30ぐらいになるのかな。だから、同世代からちょっと下ぐらいが多いかかな。

雨宮　この近くにある「ハヤトチリ」って店ももともと「素人の乱」系列で、そこにはレディー・ガガが来たんですよね。

松本　そう。

雨宮　店を始めて今は商店街の副会長と、いつの間にか地域密着になってますね。どうやってぼったくり資本主義に絡め取られずに生きていくかみたいなこともありながら、地域も変えている。この商店街に松本さんが来たことによって若い人達がどんどん入ってきて「素人の乱」系列の店を持つことで、商店街が活性化されていきましたよね。

松本　そうですね。最初なんか特に、この北中通り商店街って半分シャッター商店街になっていて、やっている人もおじいちゃん、おばあちゃんで、亡くなったり、引退したりとかして、どんどん止めてくみたいなとこだった。最初来た時、若手の店もすごい少なかったんで、おじいちゃん、おばあちゃんが喜んで協力してくれて。うちらもいろんな人と交流するの大好きなんで、いろいろ手伝ったりとかやっていたら、結構受け入れられて。そんな感じで副会長にもさせられたんですけど。高円寺の他の商店街の人からも驚かれますもんね。北中通りは若い人が役員になってたりとか。総会とかやっても、若い店の人がいっぱい来るから、すごいって。

雨宮　松本さんたちが来る15年前とかは、高齢者しかいなくて、自分が死んだらもう自分の代で店終わりって感じだったんでしょうね。

松本　そうなんですよ。最初2005年の時は、なくなった店がどんどんマンションに建て替えられてて。

雨宮　それが再開発の理由にもなってしまう。

松本　もしうちらが何もやんなかったら、タワマンとか建ってたかもしれないですね。今、北中通り全店舗開いてますもんね。シャッターの店がゼロ。一番ひどい時は、半分近くは閉まってたと思います。

雨宮　すごい。それはもう高円寺の奇跡、商店街の奇跡として語り継がれてもいいですよね。

伝説の「俺の自転車を返せデモ」と「3人デモ」

雨宮 店をしながら、3・11前からいろんなデモを主催してましたよね。

松本 そうそう、「俺の自転車を返せデモ」とかね。放置自転車が勝手に持っていかれて取り返すのに4000円くらいかかるから、俺のチャリを持っていかないでくれっていうものすごい個人的なデモ（笑）。

雨宮 そうやってデモをやってたことが3・11後に活きたわけですが、そもそもなんでやたらとデモやってたんですか？　しかも、ものすごい盛り上がるサウンドデモ。

松本 ただの商店主になるのもつまんないし、陽光君も何か新しいことやりたいっていう欲求が半端ない人だったから、「デモやってみようか」みたいになって、「いいね、やろう」みたいなので、1回やってみて。それが今話した、2005年にやった「俺の自転車を返せデモ」。そのデモで、高円寺のバンドが車の上で演奏したりとか大パニックになって、誰もデモのルールとか知らないから、何やってもいいと思うじゃないですか。勝手にトラックの上に登るわ、勝手な所歩いてっちゃうわ、何かもう（笑）。

雨宮 デモだから一応暴れなきゃ、みたいな謎の義務感もあったんでしょうね（笑）。

松本 そう、そう、もうお祭りみたいな感じで。「うわー！」みたいな、人がいっぱい集まって。

酒とか飲みながらその辺で寝ちゃったりとか、もう滅茶苦茶だった（笑）。警察が超怒ってて、「お前らにはデモは絶対、もう二度とやらせない」みたいな。何でお前が決めるんだよみたいな（笑）。その発言自体、憲法違反ですけど（笑）。

雨宮　完全に憲法違反（笑）。

松本　そう。杉並署警備課の課長か何かが、「もう、お前ら絶対だめだからな」とか言って。こっちは憲法もよく読んでないから、「そうなんですか…。勘弁してくださいよ！」「何とかお願いしますよ！」って警備課長に頼んだりとかして（笑）。で、「これは警備課長の機嫌を取らなきゃだめだ」みたいな話になって。そんな必要なかったんですけどね、権利を要求すればよかったんですけど。これは何とか警備課長の機嫌を取ろうみたいになって、いかにうちらがしょぼいか、いかに警察に忠誠を誓うかっていうデモやろうって。それを見せようみたいな。それで3人でデモしようってことになって。

雨宮　それが伝説の「3人デモ」になったと‼

松本　ええ、それで「3人デモ」をしようと。団体名もなるだけしょぼい名前にしようって、「高円寺ニート組合」にして。それで参加者3人でデモ申請したんです。だけど警察は全然信じてくれない。「3人の訳ねえだろ、お前、また俺を騙してひどい目に遭わせるんだろ」って。

雨宮　デモするのに「お金かかるよ」とかも言われたんでしたっけ？

松本　そうそう。ニート組合だと思ってばかにしてて。「デモってお金かかるんだよ、知らないの?」「皆払ってるよ」とか警察が嘘ばっかついてて（笑）。でもさすがに向こうも止めることできないから（警察がなんと言おうが、デモは開催する72時間前までに所轄の警察署に届け出れば誰でもできる。もちろん無料。デモの権利は憲法で保障されている）、何とか許可が出て。

で、デモ当日、警察は参加者3人って全然信じてないから、大量に機動隊のバスとか来てて（笑）。うちら本当に3人で行ったらすごいびっくりしてて。警備課長がすごい困った顔でうちらのとこに来て、こっそり耳打ちするように、「困るよ、本当にお前ら3人なの? 俺、機動隊呼んじゃったんだけど、俺の立場ねえじゃねえか。来るんだろ? 後から」「車とかバンドとか、来るんだろ?」「何とか今から呼べないのか?」みたいなこと言って（笑）。うちらは「だから3人って言ったじゃないですか」って（笑）。警備課長、「困ったなー、俺の立場がねえよ」みたいになって（笑）。

雨宮　（笑）。

松本　で、うちら手ぶらで、トラメガとか旗とか何にも持ってないの見て、警備課長が「何かないのか?」って。デモ始まって3人でただダラダラ歩いてたら、また、「何とか反対とか言わないの?」みたいなことをすごい言ってきて（笑）。「何かほら、デモなんだから、ほら!」みたいな、なんとか暴れさせようとして（笑）。自分の立場ないから。

雨宮　呼ばれた機動隊とか、ポカーンとしてたでしょうね（笑）。

松本　その警備課長、すんごい白い目で見られてて。きっと「うちのやっかいなやつらが登場して、ものすごいことやるから応援お願いします！　もう一斉検挙で！」みたいなこと言ってたんでしょうね（笑）。

雨宮　それで点数を稼いで、あわよくば出世みたいな。

松本　そう。なのに3人（笑）。

雨宮　その辺からもうデモの遊びをね。2005、6年からやってた。

松本　その3人デモの次にまた巨大な「家賃タダにしろデモ」をやったりとか。そういう繰り返し。

雨宮　家賃デモから私も参加してて。あれもとんでもなかったですよね。参加者が「築30年」「四畳半」とかのプラカードを持ってひたすら「家賃をタダにしろ！」と大暴れするデモ。あの時もサウンドデモだったからいろんな曲をかけるじゃないですか。その時、なぜかサウンドカーで「襟裳岬」がかかって、警察の人が喜ぶという微笑ましい一幕がありましたね。

松本　そうそう、いつもロックとかうるさいのが多いから、その時は「うるさい」「音量下げろ」とかずっと言ってるのに、同じ音量で演歌にしたら、警察が「これ、これだよ、まっちゃん！」みたいな。その人、すごい嬉しそうでしたよ。で、普通に前に一回、確定申告の時に税務署前で行列してたら、その警備課長が警備で来てて、「おい、松本」って話しかけられて、「最近デモやらないの？」ってすごい何かやってほしそうな感じで（笑）。「じゃあ、そのうちとんでもないのやりますよ」って冗談で言ったら、「許さないからな」みたいな。そう言ってるけど、ちょっと嬉しそうなんです（笑）。

高円寺に1万5000人が集まった「原発やめろデモ」

雨宮　こういう遊びを全力でやってきたからこそ、原発が爆発した後、デモやろうってことになったわけですよね。あれは2011年の4月10日、3・11からちょうど1か月後でしたね。「原発やめろデモ」はどういう経緯でやることになったんですか？

松本　最初は、3・11で死んだ人が多かったし行方不明の人も多かったし、デモっていう雰囲気でもなくて。デモとかよりは被災地を何とかしなきゃいけないみたいな。

雨宮　「反原発とか言う暇あったらボランティア行け」みたいな空気もありましたね。

松本　そうですね、だから俺も今デモとかじゃねえなっていうのはあったんですけど、でも1か月近く経ってもずっとそれで、誰も原発に触れないっていうのがすごい変な感じがしたんですよね。このままずっと原発に触れないってのはおかしいんじゃないかなみたいな。

過剰な自粛モードがあったじゃないですか。派手なもの、きらびやかなものもだめとか。それにすごい気持ち悪さを感じて。

雨宮　「被災地のこと考えろ」っていう言葉で何もできなくなる感じ、覚えています。もちろん被災地が大変だって分かってるけど、東京もあの時失業した人がいっぱいいた。計画停電とか電車の運行が不安定だったりで仕事に行けなかったりとか、ディズニーランドも液状化して休業したり、飲食店もかなり店を閉めたじゃないですか。「派遣切り」ならぬ「震災切り」みたいなのがたくさんあったのに、それを訴えたら「東京にいて生きてるやつが何言ってるんだ。死んだ人や避難所にいる人のこと考えろ」みたいな批判があったり。気持ちは分かるけど、どんどんこう、何も不満を言っちゃいけないってなるのが怖いなと思って。

松本 商店街もそうでしたもんね。飲みに行ってる時点でだめ、みたいな空気があったじゃない。

雨宮 あったあった。何か非国民扱いでしたよね。

松本 2、3週間それ続くと、やっぱりちょっとこれおかしいなと思って、いや、何かやっぱりちょっと反原発やった方がいいんじゃないのっていうのを言ったら、周りにも「確かにそう思う」っていう人が結構いて、「じゃあ、もうやっちゃおうよ」っていうので計画が始まった。

雨宮 あれ何日ぐらいの準備期間だったんですか。発案から。

松本 準備期間は多分10日なかったと思うんですよね。

雨宮 その10日でデモ申請して、サイトを立ち上げて、賛同コメントを集めて、サウンドカーや出演者の手配をして。

松本 ええ。その前さんざんデモもやってたし、音響機材だったらあの人に頼もうとか、ポスターデザインはあの人ができるとか。

雨宮 それでデモ当日、1万5000人集まったんですよね。

松本　そうですね。デモ申請の時、１０００人以上来そうだなって予感があったんで、その時は別に警察をおちょくるような気もなく、真面目に申請したんですよ。「もしかしたら３０００人ぐらい来る可能性もあるんで、一応３０００人で申請しといてもいいですか」って言ったら、「来るわけないだろう」って。完全にこっちがまたおちょくってると思ってて（笑）、「またそんなこと言ってー、まっちゃん（笑）」みたいな感じになってるから、「いや、違うんですよ、今回本当ですから」って言っても、「また俺をばかにしようとして。君らの実績からしたら５００人だな、５００。はい、５００」って書き直そうとして。「いや、そういうんじゃなくて…。いいんですか？　本当に、知らないですよいっぱい来ても」って言っても、「その時はその時で大丈夫だ。取りあえず５００だよ」とか言って、５００人って書き直させられて申請して。そしたら当日、１万５０００人来た（笑）。それで警察、大パニック（笑）。最初、警察30人ぐらいしかいなかった。それがどんどん後から応援部隊が来て。だからすごく自由なデモで良かったです、あの時。

雨宮　あのデモが３・11後の初めての脱原発デモで、あれが起爆剤になって全国にデモが広がりましたよね。

松本　うん。皆、うずうずしてたからね。

雨宮　あの日はデモが出発して、到着して、デモ隊全員が到着するのにも何時間もかかりましたよね。デモの一番先頭で到着した人が居酒屋で飲んで、３時間後に到着地点に行ったらまだデモ隊が到着し続けているっていう状態。高円寺中の飲食店がデモに来た人で溢れるみたいな。

松本　そうそう。すごかったです。

雨宮　あれで「デモ割」っていうのもできましたよね。「デモに参加した」って言ったら生ビール半額になるとかのサービス。街全体で脱原発デモを盛り上げるようなのがどんどん広まっていった。

ちなみに松本さんは3・11前に原発について何か運動したりとかあったんですか。

松本　1999年、東海村でJCOの臨界事故があった時、たまたま通りかかって被曝しました。

雨宮　え！

松本　学生時代、野宿同好会ってのにも入ってたんですよね。貧乏旅行サークルみたいな。それでバイクで寝袋とかテントとか持って北海道ツーリング行こうと思って、国道6号線をずっと行って、茨城から東海村の辺りに行ったら、異常に道が空いてて誰もいなくて、警察車両とかたまに走ってて。すごい天気もよくて、いやあ、何て気持ちがいいんだろう、空気も綺麗だし最高だなと思って、仙台ぐらいまで行ってから食堂でニュース見てたら、「東海村で臨界事故が発生」って。俺が通った直後に道が封鎖されてて、だから俺、臨界事故が起こった30分後ぐらいに施設の目の前を通ってたんです。まさに、核分裂が止まらない時に通ってて、結構食らったなとか思って。

雨宮　あの事故では、作業員も二人くらい…。

松本　死にましたよね、大分浴びて。それで北海道行って、反原発の集会に参加したんですよ。「来る途中、俺、浴びて来たんですよ」みたいに言って（笑）。それが反原発集会の初参加。

雨宮　その12年後に東日本大震災が起きたんですね。

原発やめろデモですが、4月に最初のデモをやって、その後、新宿、渋谷など何度か開催しましたよね。その翌年の初夏、官邸前に「再稼働反対」を訴えて毎週のように10万人が集まったということもありました。ある意味で、松本さんは3・11以降の日本の脱原発デモの第一人者だったわけですが、気がつけば止めてましたね。そういうのを始めた人とかって、ずっと続けて権力握り続けそうなもんだけど、全く未練なく、何も言わずに。

松本　うん、そう。すぐ止めちゃいましたね。

3・11以降、アジアの人達との連帯を

雨宮　で、気づいたらやたらとアジアに繰り出すようになってて、中国語がペラペラになってましたね。今につながるアジアの人達との連帯というのはいつ頃から？

松本　前からアジアは貧乏旅行でよく行ってたんですけど、本気でいろいろ思ったのは、やっぱり3・11以降。2011年の春ぐらい、原発止めろデモを何回もやってる頃、台湾の反原発

やってる若い人達から呼ばれて行ったんですよ。で、向こうで日本の反原発運動の話とかして。向こうもサウンドデモみたいなふざけたデモを飲みながらやったりしてる人達、そういう人達は日本と同じで、真面目な反原発グループとかからすげえ怒られてるんですよ。お前らもっと真面目にやれとか（笑）。

雨宮 全く同じですね、その構図も。

松本 同じ感じがあってお互い親近感覚えて、いろいろ交流したんだけど、台湾の人達の優しさがすごい。日本って、割と冷たいじゃないですか、海外から来ても家にも泊めてあげないとか、今仕事だから無理とか。そういうのと比較した時に台湾の人達すげえなみたいな。

雨宮 もう、台湾に呼んだからには大歓迎で全部面倒みるみたいな。

松本 それで日本に戻って、原発デモだったか準備の時だったか忘れたけど、知らない人がいっぱい参加してて、交流したくてしょうがない人とかもいっぱい来て、交流会をやりましょうってなっても、中心スタッフの人が、皆帰っちゃって、わざわざ来てくれた人だけが残っている状態とか見た時に、何か冷てえなみたいな。しょうがないんですけどね、忙しいから。でもその対比を見た時に、これは海外の人達とちょっと連携しないとなって思って。

その後、反原発運動は続いてたけど、結局うまくいかなくなってくるじゃないですか。どんどん人数も減ってきたりとか。最初の頃は、誰が行っても大丈夫みたいな雰囲気があったけど、だんだん時間が経つとなくなってきて。いつもデモに行く人達がほとんどになってきて、そうなっちゃったらデモの効果ってすっごく薄れると思うんですよ。

最初にデモやり始めた時から、短期決戦でやんないと絶対だめだっていうのは、皆言ってたんで。毎週やって、もう政府が参りましたっていうのを畳みかければ勝ちみたいな。畳みかけらんなかったら負けってのがすごいあったので。頻度も1か月に1回だったんですけど、それはうちらの力量的には限界だった。それで畳みかけられなかったのが難しかったかなっていうか。

負けたとは言いたくないけど負けたのかなっていう意識もちょっとあって。だからちょっとやり方変えていかないといけないっていうか。その時に海外の人達と交流していかなきゃいけないなってのは、すごい思ったんです。海外のいろんなスタイルのいろんなものとかを、全部混ぜてやっていきたいなというのもあった。

あと一番大きいのは、尖閣の問題だったりとか、竹島のことだったりとかで、政府が外交問題をいっぱい持ち出してきたじゃないですか。

雨宮　2012年、当時東京都知事だった石原慎太郎氏が尖閣を買うと表明しましたね。

松本　そう。同じ頃にイ・ミョンバク大統領（当時）が、竹島に上陸したり。韓国も日本と完全に同じで、イ・ミョンバク大統領は当時支持率が下がってて、やばいって時に、海外に目を向ければ支持率上がるって、別にわざわざ上陸する必要もないのに竹島に上陸しに行って点数稼いで。

もうお互いの悪いところと悪いところがぶつかってて。それでまんまといろんな問題から目をそらすみたいになってたから。

韓国に入国できずに強制送還される

雨宮　それで両国の人達が対立煽られてていう。

ちなみに海外ということで言えば、松本さんの本『貧乏人の逆襲』が韓国で翻訳出版されたことも大きかったですよね？

松本　２０１０年ぐらいに韓国で本が出て、それで結構、韓国に行くようになった。

雨宮　ベストセラーになっているんですよね、韓国で。それなのに韓国に入国できずに強制送還されたこともありましたね。なんで入国できなかったんでしたっけ？

松本　あの時は韓国でG20があったんです。２０１０年に韓国から呼ばれて。ソウル市の外郭団体から講演会やってくださいって言われて。それで行ったら入国拒否されて、ソウルの仁川空港でストップさせられて、最終的には強制送還されたんですけど。

雨宮　理由はG20だったんですか。

松本　はっきりG20とは言わなかったですけど、「あなた、ブラックリストに入ってます」って言われて。日本もG８の時とか海外の活動家止めるじゃないですか。ああいう感じで。で、俺の本がちょっと売れてたから、韓国の若者の運動とかに影響を与える可能性のあるやつが、何かG20のために来たみたいな。

雨宮　火を付けるというか、煽るために（笑）。

松本　だけど俺、その時G20やるなんて全然知らなかった（笑）。なのに止められて、強制送還されるって時に、7時のニュースで報道されて、それも間違って報道されて、「日本のベストセラー作家が入国拒否されて、送還される見通しになりました」って。

俺はその時、空港の中にある牢屋みたいな所に入れられてて、ニュース見てたら看守みたいな人達が「これお前じゃねえか」みたいになって（笑）。急に態度変わって、「有名な人だったんだ」「サインください」「一緒に写真撮ってください」って、看守の人と一緒に写真撮って（笑）。携帯の番号とか教えてもらって。「次、日本に行ったら遊びに行きますんで」とか（笑）。

強制送還の報道のお陰で本がすごい売れて、韓国で。助かりましたよ、本当（笑）。

雨宮　強制送還万歳ですね。『貧乏人の逆襲』が翻訳出版されたのは韓国だけ？

松本　韓国と台湾で出ました。

雨宮　この本を読んで、どんどんマヌケな活動家が韓国と台湾から押し寄せるようになったんですよね。

松本　そうですね。

アジア反戦大作戦

雨宮　だからいろいろ下地はできてたってことですよね。

それで本格的にアジア人の人と何かやろうみたいになってやったのって、いつですか。その第一弾かなって私が思ってるのは、２０１５年の「アジア反戦大作戦」です。安保法制反対運動が盛り上がってる時に、阿佐ヶ谷で車をひっくり返しましたよね。その同日、「アジア反戦大作戦」というテーマで韓国とか台湾でもいろんなアクションが開催されました。それをネットで中継で繋げましたよね。あれで何かすごい国際連帯っていうのが始まった感があったんですが。

松本　一番最初に国際連帯っぽいことをやったのは、２０１２年の終わりぐらいですかね。NO NUKES NO BORDER RIOTというやつをやって。海外の問題にどんどん目を逸らされそうになった時に、反核・反原発の問題と、反国境の問題のイベントをやろうっていうので。その時はちょっとゲリラっぽいやり方で、韓国とか台湾とかのバンドを呼んで路上でライブやって、全員で文句言うみたいなのを（笑）。

これも路上でやると警察が来てめんどくさいから。トラックの上でライブやる時に、焼き芋屋が取る許可あるじゃないですか。町で拡声器を使う許可、それを取って。そしたら都内全域っていう範囲指定なんですよ。都内全域で1週間の許可を取るから、トラックにそれを付けて、当日現場に行って、ライブをはーんとやるんですよね。

雨宮 うん、うん。

松本 一番最初は原宿のラフォーレ前でやったんですよ。韓国のパンクバンドで、超うるさいんですよ。そしたら若いやつらが結構集まってきて、でもお巡りさんがすぐ飛んできて、「何やってんだ、許可あんのか」って。「許可あります」って焼き芋屋さんの許可みたいの取り出して。でも、普通のおまわりさんはそんな許可初めて見るから。

雨宮 分かんない（笑）。

松本 「これなんだ？」って（笑）。でもスピーカー使ってもいい許可証で、車のナンバーも合ってる。「分かった」みたいになって、1回戻って、いろいろ確認したら、「やっぱりだめだ」って言ってくる。でも「ちゃんと偉い人に聞いてください」って言うと、「じゃあ、確認する」って、原宿署に行くんですよ。そしたらもう、パトカー10台ぐらい来て、警察の偉い人が「だめ、だめ」って言うんですけど。その時はもう、ライブ始めてから30分ぐらい経ってるんで、ちょうど1バンド分の演奏時間が終わるんですよ（笑）。

雨宮 トンチ合戦ですね（笑）。

松本 で、「すいませんでした、知らなかったんで、止めます」って謝って止めて、次に新宿に行って同じことやるんですよ（笑）。それをね、1バンド一つの駅前っていうので4か所ぐらいでやって。それが海外の人と最初にやった企画で。

雨宮 この人達はどういう繋がりだったんですか。その海外のバンドとか。

松本 韓国は本読んでくれた人とか。台湾は反原発の人達。その繋がりの人達とか。それは試しでやってみて、その後、本当にひたすら毎月海外に行って、いろんなアンダーグラウンドシーンの似たような感覚の人達とかと会って。それこそサウンドデモやって、真面目なおっさんに怒られてるような人達とか、そういうノリの人達が世界中にいて、あ、皆同じようなことやってんだって。それで皆店やったりとか、ライブハウス運営してたり、カフェやってたり、スペースやってたり。そういう人がいっぱいいて。

雨宮 アジア中に松本さんみたいな人がたくさんいたんですね。

松本 そう。それで飲み歩いて、皆友達みたいになってきた時に、これだけネットワークできたから、そろそろ何かやろうかって、２０１５年に。

雨宮 それが安保法制が成立しそうになった時ですよね。日本では阿佐ヶ谷で素人の乱主催の行動があったと。一体何をしたのか説明してもらえますか。

松本 あの時は国会前とかが安保法制反対運動で盛り上がってましたね。ＳＥＡＬＤｓが出てきたり。それはもちろんいいんですけど、何かちょっとノリ違うよな、これ行ったら怒られるでしょうちら、みたいな感じになって。そこでふざけて水差すのもよくないなと。

雨宮 大学生のＳＥＡＬＤｓに注意される中年みたいな。

松本　そう。で、海外とかだと大きいデモが起こると、すごいことになるじゃないですか。車ひっくり返ったり、燃えたり。ああいう姿、どっかで見せたいよなみたいなのがあって。

雨宮　無駄な使命感で（笑）。

松本　そうそう。「お、日本でも車がひっくり返ってる」みたいな、そんな光景が見たいってそれだけなんです（笑）。日本でそんなデモやったら大変なことになるけど、やりたいなと思った時に反原発デモの申請に行った時のことを思い出したんです。普通、警察でデモの道路使用許可とか、役所で公園の使用許可取るのって、すっごい嫌がられるんですよ。30分ぐらい粘ってやっと許可が出るんですけど、うちらがなかなか許可が出ずに長びいている間に普通の若い女の子が来て、「すいません、映画の撮影でちょっと使いたいんですけど」って言うと、「じゃあ、これ書いてください」って一瞬で許可取ってたんですよ。それ覚えていたから、使えると思って、映画の撮影で杉並警察署に申請して、その名目で阿佐ヶ谷の駅前を白昼堂々使えることになって、決行することになったんです。で、「映画の撮影」ってことでトンデモないことをしようと。ちょうど知り合いの車を廃車にするところだったんで、それもらって。

で、撮影だから、黒澤明が撮ってたみたいな16ミリの機材持ってきて、重鎮っぽい偽の映画監督も準備して、知り合いのおっさんにサングラスかけて偉そうにディレクターチェアに座ってもらって、偽の助監督とか偽のADも準備して、「はい、スタート！」みたいに駅前でやり始めたんですよ。で、「映画の撮影」ってことで暴動みたいにしようと。だけど暴動の映画だったらバレるから、「阿佐ヶ谷の恋人達」っていうラブストーリーの脚本まで用意して（笑）、それも警察署に出して。だからもう、警察も完全に信じ切ってる。「若い男女二人が駅前に通り掛かった」シーンを撮りますって。

雨宮　そこでたまたま暴動を目撃するみたいなシーン（笑）。

松本　うん。それで、偽の映画監督が「はい、スタート！」って始めて、実際やることはワーッてみんなで車をひっくり返して、バットでフロントガラス叩き割ったりとかして（笑）。車の上に乗ったり、反戦のプラカード持って安倍批判の演説始めたりして（笑）。でも周りの人は、完全に撮影だと思ってるから、みんな見てるんですよね。

雨宮　いいもん見たみたいな、スマホで写真撮ったりして（笑）

松本　警官も一応、慌てて来たんですけど、助監督係がちゃんと気づいて、「ちょっとこっち、カメラに映っちゃうんで、こっち来てください」とか言って（笑）。警察も「分かった。いつ終わるんだ？」って。

で、ちょうどその日は隣駅の高円寺が阿波踊りの日だったんですね。だから、杉並の警官は全員高円寺にいる。阿波踊りって何十万人とか来るんで杉並の警備課長は1年で一番忙しい日なんですよ。だから、阿佐ヶ谷の交番の警官が杉並の警備課長に電話したとこで、絶対取り合ってくれないんですよ。で、うちらは阿波踊りが始まる同時刻にその「撮影」を始めたんです。

雨宮　警察の忙しさが一番ピークの時に（笑）。

松本　だから警備課長が「今、阿佐ヶ谷駅前でトラブルが」って電話を受けても、「映画の撮影？　こっちはそれどころじゃねえんだ」みたいな感じになるだろうってとこまで計算して。

雨宮　私ももちろん行きました。生まれて初めて車をひっくり返して、楽しかったです（笑）。

松本　爽快でしたね。そしたらまんまとネットとかでは、安保法制反対で車がひっくり返ったみたいな、その映像が海外に流れるみたいな。

雨宮　その日は、日本以外のアジアの国でも「アジア反戦大作戦」というテーマでデモなんかが開催されましたよね。それでその「撮影」が終わってから、みんなでスカイプ中継で各国をつなぎました。その人達は松本さんがアジア中を旅して捕まえた友達ですよね。

松本　そうですね、飲み歩いて仲良くなった人達。海外の場合って、アーティストとかミュージシャンって、基本、政府に対しての反発心を持っている人が大多数なんで、そういう話を持っていった時に、すごくやりやすい。日本は特殊で、「政治に興味ないよ」ってわざわざ自分から言う人が多いじゃないですか。あれは本当に日本だけだから、海外は大体、反政府いいね、やろうぜみたいなノリの人が多い。

雨宮　素晴らしい。スカイプで繋いでも、皆のノリが高円寺と同じで、誰かの家とか、汚いスペースで貧乏くさい人達が飲んでて、同じノリの人がアジア中にいるのをその日、初めて見て感激でした。韓国ではその日にデモをしたそうですが、台湾の人達は、「アジア反戦大作戦」というテーマで、総督府前でカラオケ大会かなんかやったんですよね？

松本　台湾の人達は日程の関係で、その1週間後になったんですけど、「東アジアの大バカ平和条約締結式」をしました。俺もそのために台湾に行ったんですけど、各国代表のばかなやつが、勝手に平和条約を結ぶみたいな（笑）。各地で戦争しようとしているけど、俺達は勝手に平和条約を結ぶみたいなコンセプトで。

雨宮　それを総督府前で。よくその場所、使えましたよね。日本で言えば国会前みたいなとこ。

松本　あいつらも頭いいんですよ。申請書見せてもらったんですけど、反資本主義とか、差別反対運動とか反核とか、いろんな団体名が一杯書いてあって。各分野の人達が協力して新団体を結成する巨大なイベントのためにこの場所を使わせてくれって申請してて、でもそれ全部嘘なんですよ（笑）。新たな巨大勢力が結成して大集会がおこなわれるからって大嘘ついて、それで何十万人来るってものすごい広大な敷地を借りて。実際200人ぐらいで。巨大なスクリーンで皆でゲーム大会やったり、カラオケ大会やったり、大宴会やったりした（笑）。

雨宮　同時期にマレーシアで反大統領デモみたいのが、48時間ぐらいやっていましたよね。マレーシアの松本さんの知り合いはどさくさに紛れて、そのデモで安保法制反対ってプラカードを持ってくれてましたね。

松本　ええ。マレーシアの人達はそうやって連帯の意思を示してくれました。

雨宮　そんな2015年の「アジア反戦大作戦」では、日本、韓国、台湾、香港、マレーシアの人達が参加しました。バリとドイツも参加予定でしたが、寝てたか忘れてたんだかで連絡取れずでしたね。

その時、いろんな国の人達とスカイプで話して感じたのは、日本がまた再軍備化することへの抵抗感でした。同時に、みんな自分の国のトップがどうしようもないと言っていた。常に近隣諸国との憎悪を煽るけど、民間で仲良くしていこうみたいなことを改めて確認し合った瞬間でしたね。

松本 そうですね。戦争反対をメインテーマに、各国で抱えている問題をそれぞれが皆やって、お互いのその主張を応援し合いましょうみたいな。

「NO LIMIT東京自治区」で一週間アジア人たちと大宴会

雨宮 そしてこの翌年の2016年、初の「NO LIMIT 東京自治区」が開催されます。ちょっと説明をお願いします。

松本 「アジア反戦大作戦」で、みんなで各国の問題とかをやるの、すごい大事だなっていうのを再確認しました。

各国の単独の運動って結構負けるじゃないですか。原発もそうだし、反安保もあれだけ運動が広がったけど結局はねじ伏せられるみたいな。それは、いろんな国で共通してて、一国で、国内だけでやるのは大変だし、反発する世論を政府は国を挙げて押さえつけようとする。だったら、世界中が連帯して各国の悪いやつらをみんなの力で潰していけばいいんじゃないか、そんな発想が大事だなと。かといって社会運動みたいなのばっかやっても面白くないんで、お互い共通の生き方の価値観っていうか、自分達で生きたいとか、お金とかよりも大事なもんがいっぱいある、友達が大事とか、そういうところで連携して一つのシーンを作っていきたいと思って。政治的なものよりも「連帯する」っていうのを目標にして、「NO LIMIT東京自治区」っていう名前のイベントを2016年に東京でやったんです。

雨宮　これが大変なことになりました。

松本　大変でしたね。せっかく東京にみんなを集めるんだから、いろんな人達を呼びたいし、いろんな連帯があるけど、普通はリーダーとか中心の人が来るじゃないですか。

雨宮　それでシンポジウムやって終わりみたいなね。

松本　ええ。でも大事なのは、各地のアンダーグラウンドのシーンとシーンが繋がることなんで。訳の分からない人とかいい加減な人達にも来てほしかったんですよね。何もやってないけど面白い人とか、いるじゃないですか。もう誰でも来ていいっていうふうにしたいなというのがすごくあって。基本的には「全員、自腹で来てください」と。

来たら、開催期間が1週間で、その間は全員宿泊無料、一日一食無料で、イベントの入場料は全て無料という条件で、来ればとりあえず宿と飯あるみたいにみんなに呼び掛けた。芸のある人とかは講演会やるなりライブやるなりして自分でギャラは勝手に稼いで、作品作ってる人は売ってもいいし、それはもう勝手にやってという感じで呼びかけたら、結局、20人ぐらい来たんですよね。

雨宮　それで十数人が飲みすぎて帰りの飛行機に乗り遅れた（笑）。

松本さんがせっせと何年間かアジアを飲み歩いて、酒の力で言葉の壁を突破して友達をいっぱい作って、一堂に会そうかってみんなに連絡したらそんなに来ちゃった。

松本　みんな「行く行く！」って。

海外行って飲み歩くと、惜しいんですよ、貧乏過ぎて海外出たことない人達がいっぱいいる。東京にもそういう人達いっぱいいるじゃないですか。でもこの人とこの人が会ったら絶対面白いのにみたいのがいっぱいあったから、リーダーだけじゃなくてその辺のうろうろしてる変なやつとかも、全員呼ぼうみたいな。それがまんまと来て。それで、もう大パニックですよね。

雨宮　大パニックだった（笑）。

松本　最初はおっきい会場借りて、おっきいイベントやろうかって考えたんですけど、それはあんまり面白くない。東京だったらいろんなスペースを持ってる人がいっぱいいるし、その自分達のスペースを全部使ってやれば、意外とすごい人数を収容できんじゃないのってなって。

だから各スペースでいろんなイベントをやったり、泊まるのも分散して泊まるんだったら、

2～300人来ても、大丈夫じゃないのみたいな。マヌケゲストハウスとか自分の家も開放したり、誰んち何人行ける、うちのゲストハウスは何人大丈夫みたいなので、泊まれる場所をどんどん募集して、なんとか200人分を確保した。一日一食無料のご飯は、事前に日本中に食料募集って広く呼びかけたら農業やってる人が米とか野菜送ってくれたりとか。

雨宮 来たのはやっぱり韓国、台湾、香港、中国？

松本 マレーシア、ドイツ、フィリピン、アメリカ、ヨーロッパの人もいましたね。

雨宮 もう連日、高円寺駅前の路上で大宴会でしたもんね。200人のアジア人が酒盛りしてるって、夢のような空間で楽しかったですよね。「NO LIMIT 東京自治区」始まって、初めて言葉を交わしたのが台湾のホームレスのバイオリニスト。20歳ぐらいで勝手にその辺で演奏して小銭稼いでて。そういう人がどんどん来るわけじゃないですか。

松本 一文無しで辿り着いた人とかもいましたね（笑）。

見ず知らずのやつがいきなりうちのリサイクルショップに来て、「ここか？　着いた着いた」って勝手に安心してるんですよ。「え、何しに来たの、誰？」みたいな（笑）。「いや、高円寺来れば何とかなるって聞いた」って。そういうのが各国から続々と現れてね。

雨宮 そんな「NO LIMIT 東京自治区」初日は、大勢のアジア人達と国立に集合して、「アジア永久平和デモ」やったじゃないですか。あのデモが素晴らしかった。みんな言葉が通じないからこそ、まずは一緒にデモをして仲良くなった。

あと、あれで学んだのは、警察には日本人じゃないふりすればいいってこと（笑）。警察とかは、みんな日本人だと思っていろいろ注意するけど、韓国人や台湾人には言葉通じない。それを逆手にとって日本人も警察の言葉分からないふりしてた（笑）。

松本 駅前宴会とかもそうなんですけど、警察が注意しに来ても、結局、誰が日本人か全然分かんない。誰が言葉通じるか分からないから、「誰が日本人なんだ！」「誰も言葉が通じないじゃないか！」って警察の人が叫んでるんですよね。でも、皆知らんぷりして（笑）。最終的にはめんどくさいから、「もういい、静かにおとなしくしてね」みたいな。

雨宮 世界とかアジア規模でやると言葉が通じないっていう最大の弱点も生まれるけど、デモとかの時に一番強みになる（笑）。「NO LIMIT 東京自治区」最終日の「世界大バカ集結記念！鎖国反対パレード」では「白人作戦」というのをやりましたね。

松本 ええ。日本人って白人にビビるじゃないですか。あれを逆手に取って、デモのライブのトップバッターをドイツ人のバンドにやってもらったんです。「頼む。日本の警察は白人に弱いから、そこを悪用してできるだけ暴れてハードルを上げてくれ」って。「任しとけ」って、ドイツのパンクバンドが大騒ぎして、まんまと警察は文句を言わなくて。次に他のバンドが出た時、警察は文句言えないじゃないですか。さっきは許したのにこれ許さないのおかしいって。

雨宮 いろんな国の人が集まると、いろんな可能性が広がりますよね。やっぱり言葉が通じる人同士でやってても限界がある。それにしても1週間の期間中、毎日いろいろありましたね。

松本 7日間で50個のイベントあったんですよ。デモ、ライブ、アートの展示とか講演会、討論会、みんなでご飯食べる企画とかいろいろ。昼も夜もいろんな場所で同時進行で。

雨宮 いろんな国の人と毎晩高円寺の路上で飲みながら片言の英語で話して分かったのは、日本だけじゃなくて韓国も非正規の人が多くて格差が広がってて、中国や香港や台湾の人と話しても低賃金で稼げない、仕事ない、あっても非正規とか、ヨーロッパもそうだけど、問題が見事に共通してるじゃないですか。

松本 すごい似てますよね。

雨宮 「NO LIMIT」に来てた人の中には、松本さんみたいに自分で小さい店持ったり小さく起業してたりって人も多かったから、その共通点も面白い。

一応緩く共有してるのは、反戦、アジアの平和っていうのと、あとぼったくり資本主義に絡めとられないみたいなことですか。皆、貧乏だっていうのも共通してるかな。

松本 うん、そうですね。

雨宮 でも、貧乏というか、「素人の乱」界隈にいる人の中にも週2回しか働いてない人もいて、月収6万で全然オッケーだって言うんですね。家賃は一緒に住んでる人と割り勘だから。それですごい楽しそうなんです。賃労働に週2日しか使わないから、ものすごいいろんな活動ができる、だから大満足だって言ってて、東京で、40代50代でもそんな生き方ができるってかなりすごいというか、過労死しそうだったりパワハラで壊れそうになっている人なんかに教えてあげたい。それができたら大分楽になりますよね。

韓国、インドネシアでも「NO LIMIT」開催

雨宮　翌年2017年の「NO LIMIT」は韓国・ソウルで開催されました。1週間。私も行ったんですけど滅茶苦茶楽しかったですね。その時もいろんな国籍の人、韓国はもちろん、台湾、香港、中国をはじめとしてネパールの人も来ていたし、すごく楽しかったです。

これは「NO LIMIT 東京自治区」に来たソウルの人達が味をしめて、自分達でもソウルでやりたいってことになったんですか？

松本　そうですね。向こうの人達が自分達で全部やって。

雨宮　さらにその翌年の2018年はジャカルタでやりましたね。そもそも何でインドネシアのジャカルタでやることになったんでしたか？

松本　ジャカルタに日本人の人がやっているモンドというお店があるんですけど、高円寺にはサブストアというインドネシア人と日本人の夫婦がやってるバーがあって、そのモンドをやってる人とジャカルタのサブストアが仲がいいから、最近、高円寺にインドネシア人の友達がどんどん増えてきて、そのきっかけもあって、じゃあやっちゃいますか、インドネシアで、

みたいな適当なノリで。ジャカルタとバリでもやったんですけど、いろんな人達が来てて。

雨宮　インドネシアと言えば、２０１８年夏に高円寺のライヴハウスにＳ・Ｉ・Ｄというインドネシアの大人気バンド─日本でいうブルーハーツみたいな─を呼んだら日本中からインドネシア人の研修生・実習生が来たじゃないですか。みんな20歳そこそこの。あれもすごかったですね。

松本　日本でひどい目に遭ってるから、もうすっごい大発散して。

雨宮　大暴れでしたね。その後、やっぱり高円寺の駅前でインドネシア人研修生たちと路上宴会をして。みんな造船の仕事とか農家とかで働いてるって言ってました。飲んでたら、Ｓ・Ｉ・Ｄのメンバーが駅前飲み会に来てくれて、皆すごい喜んでた。なかなか日本国内で研修生、実習生と一緒に遊ぶ機会なんてないので、すごく楽しかったです。

　今後どうしたいとか、何かビジョンはあるんですか？

松本　うーん、まだ全然文化交流足りないっていうか。日本って海外に目が向いてないし、向いても何か欧米の有名なものとかに興味があるとか言う人が多いぐらいでしょ。

雨宮　しかもアジアだと、ヘイトみたいな文脈ばっかりになっちゃうから。

松本　うん。あったとしても、アジアの有名な映画、香港の映画とか韓国のＫ－ＰＯＰだったりとか。もうちょっと自分達と繋がってるような感覚をみんなで持てば、多分全然違うと思うんで、もっともっと広げていきたいなと思ってて。

雨宮　でもこういう民間交流、民間で仲良くするのが進んでいくことが、すごい重要だと思います。ソウルでも「アジア永久平和デモ」をやりましたが、やっぱり感動的だった。
　ちなみに次の「NO LIMIT」、どこでやるとか考えてるんですか。

松本　いや、何も考えてないですね。やりたい人が勝手にやれば。そういうノリができたらやろうみたいな。
　「NO LIMIT」始めてすごい良かったのは、中華圏だと、中国と香港とかって、今関係が良くないっていうか。例えば、香港人は中国に飲み込まれるのをすっごい反発してるから、香港人ですごい面白いことやってる人でも、結構、中国人の悪口言う人もたまにいたんですよ。「もう、中国人いいや、めんどくさいから」みたいな。でも、「NO LIMIT」で実際に中国の人達がいっぱい来て話したら、「あ、一緒じゃん」みたいな。考え方がみんな変わって、中国政府はすごい管理厳しいし、だめなとこいっぱいあるけど、中国人は違う。日本もそうで、やっぱり韓国政府、日本政府、だめだけど韓国人、日本人は関係ないみたいな。その国の国家や政府と一般の社会との違いをどんどん分かってくる感じがすごい面白い。

雨宮　そうですね。それに言葉通じなくてもライブとか音楽とかで盛り上がれるっていうのは、すごい大きいし、それでみんながどんどん仲良くなっていくのを目撃しました。

松本　自己紹介してね、「こんなお店やってます」とか「こんな作品作っている」「こんな音楽やってる」ってなったら、「ああ、面白いことやってるね」って。その人を知ったあとに国籍を知ると、その人達の印象のお陰で大分変わるし。

雨宮　ですよね。なに人とか関係なくなりますね。何をやってる何さんっていう。で、後から国籍がそうだったんだみたいな。

松本　台湾の人達がすごい面白くて、「NO LIMIT」が終わった後、台湾のやつらが韓国に遊びに行って、その後中国にも遊びに行ったりとか。みんな「NO LIMIT 東京自治区」で知り合った人を訪ねてお互いが行ったり来たりするようになってって。すげえいいなと思って。そうやって勝手に交流が始まって止まんなくなるのが一番いい。

雨宮　それってある意味、フェイスブックとかあるから可能という面もありますよね。まだSNSがそんなに盛んじゃない頃の国際連帯は、メールだから連絡が途切れがちになってしまう。

松本　それもありますね。フェイスブックとか見てたら、あ、あの国のあいつとあの国のあいつが付き合ってるらしいとか、別れたらしいとか、そういうどうでもいい情報もいっぱい入ってくる。逆にこっちの情報も全部筒抜けだったりとかして。あいつがバイト首になったらしいよとか、そういうどうでもいい情報が国境を越えて手に取るように（笑）。

雨宮　そういえば、「NO LIMIT 東京自治区」で出会って国際結婚したカップルもいましたね。

もう開き直るしかない

雨宮　松本さんも一応ロスジェネじゃないですか。でもロスジェネの苦しみ、ひとかけらもないじゃないですか（笑）。

松本　そうですね。

雨宮　でも、松本さんにびっくりする同世代の人もいるじゃないですか。今苦しい、低空飛行で40代になっちゃって、非正規で貧乏でも苦しいし、一方で正社員でも苦しいと思うんですよね。そっちはそっちで責任増えてとか。あと結婚している、していないもあんまり関係ないというか、どっちも大変だと思うので。

「ちゃんと生きなきゃ」ってプレッシャーを感じてる人に対して、言いたいことはありますか。ちゃんとしなきゃと思い込まされてる人達に。

松本　ちゃんとして生きるのは無理ですよね。うちらの世代というのは、成功してる人もいるし、困っている人もいる。あるいは本当に勝手なことをやって、金はないけどすごい自由にやっている人もいるし、いろいろいると思うんです。結局、もうやけくそ世代というか、もう何やってもいいというような状態になっていると思うんですよね。

しかも、この世代って40過ぎたりとかして、今更ね、そんな真面目に生きようなんて考えたって意味ない。だから勝手なことやっちゃうしかないと思うんです。適当に勝手にやって、ざまあみろって最後に言って死ぬのを目指したらいいと思うんですよね。ざまあみろって言える生き方を、皆ですれば。

まあね、20代後半とか30代ぐらいに差し掛かる頃に、将来について悩むのはいいんですけどね。30過ぎて将来を悩んでも、もう手遅れなんですよ。

雨宮　あ、そうか、もう手遅れなのに何とかしようとしているから、悩みが深くなるのか。

松本　皆さん手遅れですというのを、ちゃんと皆で再確認して、後はやけくそに勝手に生きる。それで、最後にざまあみろと言って死んでいく。これがやっぱりうちらの世代の一番理想の生き方なんじゃないかなと。

雨宮　金なくても何とかなるっていう。

松本　うん。死んじゃえば全部なくなるし。

雨宮　実践してますもんね。そんなにたくさん稼がなくたって、交流があれば何とかなる。そっちの方がずっと信用できるというか。

だって松本さん、年収２００万ぐらいですね。お金の使い道はないとか。

松本　うん。そう、何もないですよ。お金はあんまりね。

雨宮　すごいですよ。だってリサイクルショップとゲストハウスと飲み屋やって、年収２００万。それで全然やっていけるんですよね。

松本　十分ですね。自宅の家賃は5万円だから、あとは食費だったりとか。海外行く時は飛行機代とかね。

雨宮　年収２００万で毎月のように海外へ行ってるって、すごくないですか。

松本　1か月に1回は行ってますね。それは大体友達のとこ泊まったり。あと、「素人の乱」Tシャツを作って、持っていって売るから逆に金が増えて帰ってくる（笑）。トークイベントとかやって、ギャラをもらったり。おごってもらったり。現地でもそんなにお金を使わないし。海外の人が来た時の方が金使いますよね。もてなしてもらったら、今度はもてなさなきゃいけないから、もうみんなで死ぬほどおごったりして。

雨宮　そりゃそうですよね。でも、それがあるからまた行ったらただで泊めてくれる。だからもう、共有みたいなものがたくさんありますよね。自分個人の年収うんぬんよりも、共有財産が無数にあるっていうのが、一番強みかもしんない。店もそうだし。人間関係とか。泊めてくれる海外の人とか。

ちなみに個人で保険とか入ってます？　がん保険的なのとか。

松本　入ってないです。

雨宮　ですよね。私も入ってないです。でも、不安はないですか？

松本　いや、特に。大丈夫じゃないですか。今んとこは別に病気はないんですけど。死ぬ時は死んじゃうっていうか、自分も別にそれで十分というか。

雨宮　でも松本さん、保険入ってなくても、本当に病気になったりしたら、皆カンパくれると思うから大丈夫ですよ。だってほら、韓国で家が爆発した人いたじゃないですか。

松本　はいはい。

雨宮　韓国の釜山で、松本さんが泊まっていた友達の家がいきなり爆発して。松本さんが出て1時間後くらいに爆発して。

松本　そうそう（笑）。

雨宮　コ・ヌー君ですね。それで一文無しになったけど。

松本　ええ。家、全焼しましたもんね、アパートが。

雨宮　そしたら、「なんとかバー」で、カンパの飲み会が開かれたじゃないですか。

松本　はい、はい。

雨宮　家が爆発したからって日本で救援飲み会が開かれて、カンパ集まるってすごくないですか？

松本さんも病気になったり、家が爆発したりしたら、みんなそれをネタに飲んで、カンパくれると思う。だからそっちの方が保険かけているよりよっぽど頼りになる。保険会社は倒産するかもしれないし、難癖つけて払われない可能性があるから、ずっと確実ですよね。

松本　そうですね。そっちの方が本当信頼できるっていうか。だってコ・ヌー君の時も結局10万円以上集まりましたもんね。

雨宮　本人が面白いっていう理由だけで、カンパが集まるからすごいですよね。しかも、その時もスカイプで、本人とやりとりしたじゃないですか。そしたら、「今持ってるのこれだけ」って、紙袋か何か出して。

松本　そう。紙袋2個しかない、それ以外全部燃えたって（笑）。

雨宮　それで大笑いしてて、本人が（笑）。

松本　うん。携帯もパソコンも燃えたから過去の思い出も全部消えたって言ってた（笑）。

雨宮　「どうだ、すごいだろ」って、すごい自慢してて（笑）。

松本　守るものは何もないって、説得力がすごかった（笑）。

雨宮　生き物として最強じゃないかと思って。この状況で大笑い（笑）。しかも、その時30代ですよね、彼ね（笑）。

松本　そうですよね、30代になってました（笑）。

雨宮　大笑いして、でも国際的に助けてくれるネットワークがあるって、いやあ、勉強になりました。こんなふうに生きていけばいいのかって、すごい肩の力が抜けました（笑）。

あとがき

この本を書いている最中、ある事件の判決が出た。

東京・練馬区でひきこもり男性が元農水事務次官の父親に殺された事件の判決だ。父親は、息子が「人に危害を加えるかもしれない」と思い、殺害したと供述。また、裁判では自身が家庭内暴力を受けていたことも明らかとなった。判決は、懲役6年。が、高齢などを理由に数日後には釈放された。中学でいじめに遭い、長らくひきこもっていたという男性は殺害される数日前、「俺の人生なんだったんだ」と叫んだという。事件当時、男性は私と同じ44歳だった。

練馬の事件が起きた約1か月半後には、京都アニメーションで放火殺人事件が起き、35人が死亡した。逮捕されたのは41歳の男。職を転々としてきた男には、派遣切りや生活保護受給の経験だけでなく、過去にコンビニ強盗の前科もあった。

親によって命を奪われたロスジェネと、あまりにも多くの命を奪い去ったロスジェネの事件が立て続けに起きた２０１９年。

そんな２０１９年11月には、序章で書いた宝塚市の正社員採用の結果が出た。もともと３人の募集だったところ、４人が合格したという。宝塚市のような氷河期世代を採用する取り組みは全国にも広がりつつあり、愛知県や和歌山県、茨城県境町などでも採用試験を実施する動きがあるという（朝日新聞２０１９年11月27日）。

雇用の調整弁として時に社会の「犠牲」にされつつ、しかし「自己責任」となじられ続けてきたロスジェネ。ここにきてやっと同情を伴った注目が集まりつつあるが、本書で語ってきたように「手遅れ」となったことも多い。

「損をした」と思うことばかりだけど、自分たちの下の世代が安泰かと言えば、まったくそんなことはない。

不安定化が常態化した社会で、ロスジェネは自分たちのやり方で生き延びる方法を、幸せになる方法を模索していくしかない。

そして、それは確実に始まっていることが、本書を通して少しでも伝わればと思っている。そのうえ、それが次の世代の生きるヒントになれば、これほど嬉しいことはない。

スペシャルサンクス　あけび書房のみなさま、倉橋耕平さん、貴戸理恵さん、木下光生さん、松本哉さん、装丁の森近恵子さん、この本を手にとってくださったあなた

２０２０年１月

雨宮　処凛

雨宮 処凛（あまみや かりん）

1975年、北海道生まれ。

作家・活動家。フリーターなどを経て2000年、自伝的エッセイ『生き地獄天国』（太田出版／ちくま文庫）でデビュー。2006年からは貧困問題に取り組み、『生きさせろ！ 難民化する若者たち』（太田出版／ちくま文庫）はJCJ賞（日本ジャーナリスト会議賞）を受賞。著書に『「女子」という呪い』（集英社クリエイティブ）、『非正規・単身・アラフォー女性』（光文社新書）、対談集『この国の不寛容の果てに　相模原事件と私たちの時代』（大月書店）、『生きづらい世を生きぬく作法』（あけび書房）など多数。

倉橋 耕平（くらはし こうへい）

1982年、愛知県生まれ。

関西大学大学院社会学研究科博士後期課程修了。博士（社会学）。立命館大学ほか非常勤講師。専攻は社会学・メディア文化論・ジェンダー論。

著書：『歴史修正主義とサブカルチャー　90年代保守言説のメディア文化』（青弓社）、共著に『歪む社会』（論創社）、『ネット右翼とは何か』『現代フェミニズムのエシックス』（いずれも青弓社）、『ジェンダーとセクシュアリティ』（昭和堂）。2001年に起きたＮＨＫ番組改変事件の裁判以降に歴史修正主義問題を研究課題の中心に据え、博士論文や著書を執筆。近年は論壇誌、ウェブ媒体などに多数寄稿。

貴戸 理恵（きど りえ）

1978年、生まれ。

関西学院大学社会学部准教授。東京大学総合文化研究科博士課程単位取得退学、アデレード大学博士課程卒業（PhD）。専門は、不登校の「その後」研究。「生きづらさ」「当事者」などをキーワードに個人と社会とのつながりについて考えている。

氷河期世代について論じた著作に、「生きづらい女性と非モテ男性をつなぐ」（『現代思想』2019.vol.47-2、青土社）、「フェミニズムと「ヘイト男性」を結ぶ」（『対抗言論』vol.1、法政大学出版局、近刊）、著書に『「コミュ障」の社会学』（青土社）、『不登校は終わらない』（新曜社）など。

木下 光生（きのした みつお）

1973年、福岡県生まれ。

奈良大学文学部教授。立命館大学文学部史学科卒業、大阪大学大学院文学研究科博士後期課程修了。

博士（文学）。日本学術振興会特別研究員、奈良教育大学特任准教授などを経て、2011年奈良大学に着任。

著書：『貧困と自己責任の近世日本史』（人文書院）、『近世三昧聖と葬送文化』（塙書房）、『近世日本の貧困と医療』（共著、古今書院）、『日本史学のフロンティア１・２』（共編著、法政大学出版局）、『近世史研究と現代社会』（共著、清文堂出版）など。

松本 哉（まつもと はじめ）

1974年、東京生まれ。

リサイクルショップ「素人の乱5号店」店主。高円寺北中通り商栄会副会長。

1996年「法政の貧乏くささを守る会」結成以来、各地でマヌケな反乱を開始。2005年、東京・高円寺で山下陽光らと「素人の乱」をオープン。その後、「3人デモ」「俺のチャリを返せデモ」「家賃をタダにしろデモ」「原発やめろデモ!!!!!」他とんでもないデモをおこなう。

現在は高円寺でゲストハウス、飲み屋なども運営しつつ海外のオルタナティブスペースとの交流を深め、「世界マヌケ革命」を目指す。著書に『貧乏人の逆襲―タダで生きる方法』（ちくま文庫）、『世界マヌケ反乱の手引書』（筑摩書房）など。

ロスジェネのすべて―格差、貧困、「戦争論」

2020年2月20日　第1刷発行 ©

編著者――雨宮　処凛
発行者――久保　則之
発行所――あけび書房株式会社
102-0073　東京都千代田区九段北1-9-5
☎03-3234-2571 Fax 03-3234-2609
akebi@s.email.ne.jp　http://www.akebi.co.jp

組版・印刷・製本／モリモト印刷

ISBN978-4-87154-177-0 C3036